공덕
功德

공덕

초판 1쇄 인쇄 | 2018년 8월 10일
초판 1쇄 발행 | 2018년 8월 17일

엮은이 | 법보신문 편집부
펴낸이 | 남배현

기획 | 모지회
책임편집 | 박석동

펴낸 곳 | 모과나무
등록 | 2006년 12월 18일 (제300-2009-166호)
주소 | 서울시 종로구 우정국로 45-13(수송동) 4층
전화 | 02-725-7011
전송 | 02-732-7019
전자우편 | mogwabooks@hanmail.net

디자인 | ㈜끄레 어소시에이츠

ISBN 979-11-87280-25-5 03220

이 도서의 국립중앙도서관 출판예정도서목록(CIP)은 서지정보유통지원시스템 홈페이지
(http://seoji.nl.go.kr)와 국가자료공동목록시스템(http://www.nl.go.kr/kolisnet)에서
이용하실 수 있습니다. (CIP제어번호: CIP2018025146)

모과
나무 ㈜법보신문사의 출판 브랜드입니다.
지혜의 향기로 마음과 마음을 잇습니다.

제5회 대한불교조계종 신행수기 공모 당선작

공덕
功德

모과나무

須菩提 若福德有實

如來不說得福德多

以福德無故

如來說得福德多

수보리여

만일 복덕이 실로 있다면

여래가 복덕 얻음이 많다고 말하지 않으련만

복덕이 없으므로

여래가 복덕이 많다고 말하느니라

아름다운 법향, 신행의 이정표

참으로 좋은 날, 좋은 자리입니다. 삶이라는 긴 항해에서 아픔을 만났지만 기어이 극복하신 기도와 신심을 만나는 날이자 자리입니다. 신행수기 수상 작품을 다시 글로 만날 수 있는 뜻 깊은 선연이 영글었습니다.

행복과 기쁨으로 알알이 맺힌 마음들과 저마다의 삶을 새삼 되새겨보니 저 역시 마찬가지로 행복을 느낍니다. 부처님 가르침 아래 날마다 새로운 하루하루의 기쁨이 느껴집니다. 여러분들의 간절한 기도와 원력은 불교의 미래를 환하게 밝힐 원동력입니다.

이 자리의 환희로움이 이 글을 읽는 모든 이들에게 고스란히 전해지리라 믿습니다. 바로 글에 담긴 마음들이 꽃과 같기 때문입니다. 모진 고난 속에서도 굴하지 않고 마침내 온몸으로 피어나 향기를 전하는 꽃처럼, 여러분들 또한 시련을 딛고 일어나 그윽한 법향을 퍼뜨리고 있습니다.

책에 수록된 여러 사연들은 신심을 다하여 적은 글들입니다. 여기서 우리는 불법이라는 이름의 꽃봉오리를 만날 수 있습니다. 아무도 대신해줄 수 없고, 줄여줄 수도 없는 고난 앞에서 부처님을 알고, 부처님을 믿으며 우직하게 발걸음을 옮기는 모습이 눈앞에 펼쳐집니다. 아무것도 보이지 않는 암흑 속에서, 저 멀리 보이는 불법의 가느다란 빛줄기를 향해 손을 뻗는 모습이 눈앞에 그려집니다. 그래서 신행수기는 불보살님의 가피를 입는 놀라운 여정이라고 해도 과언이 아닐 것입니다. 제자리에 앉은 채 받기만을 바라는 게 아닌, 스스로 건져 올린 가피에 대한 이야기이기 때문입니다. 그 한 글자 한 글자는 모두 한국불교 신행의 이정표 가운데 하나로 기록될 것입니다. 이처럼 자랑스러운 여정이 이제는 향기가 되어 세상을 더욱 아름답게 만들고 있으니, 한국불교의 자랑으로 삼기에 모자람이 없습니다.

지금도 곳곳에서는 끝없어 보이는 막막함으로 고통을 겪는 이들이 많습니다. 고통의 현실에 지쳐 내일을 잃어버리고 방황하거나 주저앉은 이들도 있습니다. 그러나 신행수기와 같은 희망의 이야기들이 함께 모여 전해진다면 그분들에게 새로운 가피로 다가갈 것입니다. 이제 이 글에 담긴 진솔하고 진정 어린 이야기들이 세상에 향기로 퍼지려고 합니다. 이를 통해 신심과 가피의 참된 의미를 깨닫고 수행하며 실천하는 불자들이 그득하기를 발원합니다.

모든 이들이 함께 공감하고 치유의 마음을 나누는 신행수기 공모전은 이제 대한불교조계종의 대표적인 신행마당이 됐습니다. 10년, 20년 신행수기 공모전이 이어져 신행의 전통이 되고 불자들의 자부심이 되기를 기원합니다.

설정 ǀ 대한불교조계종 총무원장

삶을 아름답게 작곡한 위대함

"얼룩새의 몸은 하나이지만 몸의 색깔은 수없이 많듯, 사람 역시 몸은 하나지만 마음의 얼룩은 얼룩새의 빛깔보다 더 많다."

잡아함경의 말씀입니다. 사실 우리는 수도 없이 많은 번뇌와 고통을 삶에서 겪고 있습니다. 마음에는 생채기를 남기기도 합니다. 하지만 그 마음의 얼룩을 조금씩 지워나간 자리에 희망을 그려 넣으려는 장한 신심들이 있습니다. 이 책에 수록된 이야기들이 그렇습니다.

특히 올해 신행수기 공모에는 우수한 작품이 많아 심사하는 데 큰 어려움이 있었던 것으로 압니다. 부처님을 만나 절망을 희망으로 극복한 사연부터 가족의 부재로 인한 슬픔을 신행으로 이겨낸 이야기 등 다양한 사연에서 풍부하고 감동적인 이야기를 들을 수 있었습니다.

각자가 느끼고 경험한 신행의 모습들은 각양각색이지만 결과적으로 참가자들이 깨달은 부처님의 가르침은 하나일 것입니다. 시인 도

종환은 말했습니다. "꽃은 젖어도 향기는 젖지 않는다. 꽃은 젖어도 빛깔은 지워지지 않는다." 수승한 가르침은 결코 변하지 않고 삶을 지탱하는 호법신장이나 다름없습니다. 그 가르침을 평생 마음에 지녀서 앞으로 세상을 살아가는 데 큰 등불이 될 수 있기를 바랍니다.

해를 거듭할수록 참여하시는 분들이 늘어나고 한 분 한 분의 불심 가득한 경험이 좋은 글로 완성되어 많은 불자들에게 큰 감동과 귀감이 된 점에 다시 한 번 감사드리며, 올해 우수작으로 선정된 20편의 주인공들에게 진심으로 축하의 인사를 드립니다. 그리고 이 이야기들을 책으로 엮어 더욱 많은 사람들에게 읽히도록 마음을 내주셔서 감사합니다.

뼈가 빠지는 수고와 고통을 감당하는 자신의 삶이 남에게는 그저 풍경일 수 있습니다. 하지만 신행수기에 담긴 절절한 사연들은 풍경이라고 하기에는 너무나 선명해 우리의 아픔으로 다가옵니다. 그리고 그들의 신심이 눈물로 흘러 가슴을 적시기도 합니다.

작가 밀란 쿤데라는 "인간은 가장 깊은 절망의 순간에서조차 아름다움의 법칙에 따라 자신의 삶을 작곡한다"고 했습니다. 자신의 삶을 끝내 아름답게 노래한 이 위대한 작곡가들의 절실한 노래에 귀기울이면 어느새 부처님의 뜻이 여러분과 함께하고 있을 것입니다.

이기홍 | 대한불교조계종 중앙신도회장

혼돈의 시절,
혼침 끝에 맞이하는 죽비 소리

대한불교조계종 중앙신도회와 법보신문, 불교방송이 진행하는 신행수기 공모 시상식이 지난 6월 4일 열렸습니다. 올해로 5회째를 맞는 신행수기 공모전이지만 당선작들을 만날 때마다 얼음물을 뒤집어쓴 듯 정신이 번쩍 드는 느낌입니다. 스무 편에 이르는 수상작들은 부처님을 믿고 따르는 참다운 불자의 삶이 무엇인지 우리로 하여금 골몰하게 합니다. 시련 속에서 몸과 마음을 모아 삶으로 쌓아 올린 사리탑들이기에 그 울림이 더욱 큽니다.

당선작 하나하나 알알이 감동스럽고 또한 귀하지 않은 글들이 없었지만 특히 대상작인 총무원장상 시상 때 우는 사람들이 유독 많았습니다. 식물인간이 된 남편을 30년간 기도와 신심으로 봉양하며 남편과 자식들을 위해 바지런히 생활을 개척해나간 그의 삶은 인욕과 자비, 정진의 의미가 무엇인지 일깨웠습니다. 식물인간이 된 남편을 부처님께서 내려주신 화두로 여기고 최선을 다해 아끼고 봉양하며 마지막까지 잘 마무리하겠다는 담담한 소감에 참석자들은 붉어진 눈시울로 힘찬 박수를 보냈습니다.

주위를 둘러보면 신실한 불자로서의 삶보다는 불교 내 선거와 종단 운영과 같은 정치적인 사안에 더 관심을 보이는 사람들이 많습니다. 그러다보니 금과옥조金科玉條와 같은 부처님의 가르침이 상대를 공격하기 위해 잘 벼린 칼날이 되는 경우가 많습니다. 이런 혼돈의 시절에 온몸으로 부처님의 가르침을 실천하고 이를 고스란히 삶 속에서 보여준 참다운 불자들을 만나는 것은 가물거리는 혼침昏沈 끝에 맞이하는 죽비와 같은, 번뜩이는 깨우침입니다.

서산 스님의 말씀에 "눈길을 걸을 때 함부로 걷지 마라. 오늘 내 발자국이 마침내 뒷사람에겐 이정표가 되니(踏雪野中去 不須胡亂行 今日我行蹟 遂作後人程)"라는 가르침이 있습니다. 신행수기 당선작들은 폭풍우 몰아치는 겨울 산길을 좌고우면左顧右眄하지 않고 바르게 나아간 삶의 이정표들입니다. 그래서 그 발자국 하나하나는 보는 것만으로도 신심을 일으키는, 사리와 같은 기록들입니다.
그렇다면 우리는 어떤 삶을 살아야 할까요? 시대를 함께 살고 있는 이 장한 불자들의 이야기에 잠시만 귀 기울여보시기 바랍니다.

신심 깊은 불자의 길이, 아름다운 보살의 길이 우리를 향해 손짓을 하고 있을 것입니다.

김형규 | 법보신문 대표

차례

14

일체 행복은

이웃을 위한

이타행에서 비롯되며

일체 고통은

자신을 향한

탐욕심에서 비롯된다

살아 계신
나의 부처님

보련화 윤애경

1979년 친구의 소개로 남편을 만났다. 1983년 12월 결혼하면서 다니던 직장을 퇴사하고 부모에 효도하며 남편을 내조하는 평범한 아내이자 맏며느리로 인천에서 새로운 출발을 시작했다. 1984년 딸을 출산하고 양육하며 행복한 나날이었다. 민중의 지팡이가 되어 나라를 지키겠노라며 남편은 경찰 공무원 시험을 준비하여 1985년 합격했다. 당시는 어수선한 정치 상황으로 국민들은 매일 집회를 벌였고 경찰은 시위 진압으로 최루탄을 쏘며 국민들과 충돌로 하루하루 불안한 나날이었다. 남편은 서초경찰서 소속 기동대로 발령받아 시위진압에 동원되었다.

1987년 1월 21일 아들을 출산한 후 기쁨도 잠시, 아들이 세상 빛을 본 지 5일 만에 남편이 대형 교통사고를 당해 경찰병원 중환자실에 입원했다. 무의식 상태였다. 남편은 시위 진압으로 집에도 잘 들어오지 못했으며 아들 출산일에도 늦은 퇴근으로 출산 후에야 병원으로 찾아 왔다. 올림픽 경기로 온 나라가 들떠 있었던 1988년에 남편은 6인실 병실로 이동되었다. 나는 아들을 안고 병실에서

24시간 남편을 간병하며 병원 생활을 하며 지냈다. 남편은 교통사고 후 9년 만인 1996년에 식물인간 상태로 집으로 퇴원해 31년이 지난 현재까지 투병 중에 있다.

교통사고 당시 생사의 갈림길에서 사망 선고를 받고 영안실로 시신을 옮기는데 경찰 동료들이 응급실 의사를 붙들고 살려달라고 울며 매달렸다고 한다. 아들 출산 후 산후조리 중인 내게 경찰서에서는 교통사고가 났다는 연락만 하고 상태가 어떻다고는 말해주지 않았다. 출산 1주일 후 산부인과 병원에 진료 받으러 갔다가 서울 성동구 왕십리에 있는 경찰병원으로 무작정 찾아갔다. 남편 이름으로 입원환자를 찾아보니 중환자실에 있다고 한다. 너무 무섭고 두려웠다. 젖이 불어 가슴은 딴딴하고 속옷을 적실 정도로 모유는 흐르고 있었다. 중환자실에서 눈도 못 뜨고 자는 듯이 누워 있는 남편을 보는 순간 눈앞이 깜깜해졌다.

"왜 여기에 이러고 있는 거예요?" 눈물도 나지 않았다. 남편은 눈을 감은 채 꼬집어도 아무런 반응도 없었다. 옆구리에는 튜브가 박혀 있었으며 입에는 호스를 물고 숨만 쉬고 있는데 아무런 미동도 하지 않았다. 사고로 갈비뼈가 모두 부러져 내부 장기를 찔렀다고 했다. 출혈이 되고 있었는데 외상은 없었으며 머리 CT를 찍었는데 사고 충격으로 뇌가 흔들려 뇌세포가 손상을 받은 거 같다며 의식만 회복하면 큰 문제가 없을 것 같다고 당시 신경외과 담당의사는 남편의 상태를 알려 주었다. 병명은 뇌진탕으로 인한 혼수상태로 의식이 없었다.

중환자실을 나와 지하철과 버스로 인천 집에 갈 때까지 한없이 눈물이 흘러 주체할 수가 없었다. 핏덩이 아들과 네 살 된 딸을 보면서 울고 또 울었다. 일반회사 경리 사원으로 근무하다 결혼과 함께 퇴사한 나는 의학 상식도 없었으며, 남편의 건강 상태가 바람 앞의 촛불인 상황을 인식하지 못한 채 시간이 흘러가고 있었다. 사면초가에 처한 나는 핏덩이 아들을 끌어안고 눈물을 삼키며 중환자실로 하루 세 번 면회를 다녔다.

친정 부모님은 절에 다녔지만 나는 결혼해서 남편을 따라 교회에 다니고 있었다. 교회 목사님과 신도들이 기도를 해주고 있다고 전해 주었지만 남편의 건강 상태는 큰 변화를 보이지 않았다. 답답하기도 했지만 포기할 수는 없었다.

사고 후 며칠 만에 엉덩이에 욕창이 크게 생기고 견갑골, 발뒤꿈치, 팔꿈치 등에 계속 욕창이 생기기 시작했으며 몸은 점점 말라서 뼈와 피부만 남을 정도로 앙상한 몸이 되어버렸다. 욕창이 너무 심해 사망할 수도 있는 상태라고 했다. 사고 당시 25개월 된 딸이 아빠를 보겠다며 병원을 찾아와서 중환자실 면회 시간에 아빠를 보더니 "아빠 추운데 왜 옷을 안 입었어?" 하는데 울컥 올라오는 마음을 누르며 면회를 마쳤다. 딸을 친정 부모님께 보내며 많이도 울었다. 시어머니와 친정엄마가 절에 안 다니고 교회 다녔다고 꾸중을 하셨다.

한겨울이었지만 핏덩이 아들을 업고 조계사 대웅전 차가운 마루에 아들을 눕혀놓고 하염없이 울면서 절을 하기 시작했다. 다리가 펴지지 않을 때까지 절을 하고 아들을 들쳐 업고 법당을 나와 경찰병원 중환자실로 가서 면회하기를 수개월. 뼈밖에 안 남은 사위를 보며 친정엄마는 매일 아침 사위를 위해 쇠고기와 각종 야채를 넣고 견과류, 콩과 쌀 등을 불려 믹서로 갈아 넣고 사골 뼈를 고아 국물을 넣어 미음을 만들어 경기도 파주에서 경찰병원 중환자실로 출근을 하셨다. 교통사고 후 1년이 지나도 남편 의식은 돌아오지 않았다. 그렇게 일반병실로 이동되어 첫돌 된 아들과 함께 병실에서 24시간 간병이 시작되었다.

새벽에 일어나 야채와 과일을 강판에 갈아 주스로 만들어서 주사기를 이용하여 튜브로 넣어주었다. 미음도 계속 만들어서 튜브로 식사를 하게 했다. 당시 경찰병원에는 기독교 교회만 있었다. 끊임없이 기독교인 직원들과 목사님이 찾아와 기도해준다고 법석을 떨었는데 정작 불교에서는 찾아오는 이가 없었다. 남편을 혼자 두고 법당을 찾아 기도하러 갈 수도 없었으며 병원 내에 교회가 있으니 자연스럽게 병원 교회 예배에 참석했다. 하지만 일요일 예배를 끝내고 성경과 찬송가를 손에 들고 남편 병실로 돌아오는 발길이 왜 그렇게 죄를 지은 것 같은지, 누가 나를 손가락질 하면서 수군거리는 것처럼 느껴져 자꾸 뒤를 돌아보면서 병실로 향했다. 어느 일요일 예배를 마치고 병실로 돌아왔는데 친정아버지가 와서 기다리고 계셨다. 내 손에 들려 있는 성경책을 보시고는 한숨을 내쉬며 고개를 떨구시는 것이었다. 이때 '아, 나는 교회에 다니면 안 되는 거였구나' 생각이 들어 그 다음부터 교회에 발걸음을 끊었다.

TV와 라디오와 잡지를 통해 남편과 나의 병원 생활 사연이 소개되면서 이름 모를 보살님이 병실을 찾아오셨다. 금강경을 주시면서 시간 되는 대로 읽으라고 하고는 가셨다. 경찰병원은 1991년 1월에 송파구 가락동으로 신축하여 이전했다. 당시 중환자는 입원할 수 없다고 해서 강남구 삼성동에 있는 강남병원(현재 서울의료원)으로 옮겨 6개월을 입원했다. 이때가 나에게는 큰 변화가 시작되는 전환점이 되었다.

딸은 초등학교 입학을 해야 하는데 우리는 집도 없이 병원에서 살고 있었다. 아이를 학교에 보낼 수 없는 상황에 충북 보은군 마로면에 살고 계시는 시부모님 집으로 주소를 이전해 아이를 초등학교에 입학시키고 아들은 병설 유치원에 입학시키면서 남매를 시부모님께 보냈다. 남편을 원망하며 한없이 울었다.

나는 남편이 입원해 있는 병동 수간호사님의 적극적인 추천으로 3월부터 간호조무사 학원 야간반에 등록하여 공부를 시작했다. 학원비는 친정 부모님이 대주셨다. 낮에는 남편 입원실에서 간호하고 야간에는 학원에서 공부하며 의학과 간호학에 대해 알게 되면서 남편의 상태를 점검해볼 수 있었다. 취업을 위해서라기보다는 남편을 간호하기 위한 간호조무사 공부였는데 남편은 1991년 여름에 다시 경찰병원으로 입원해서 치료를 받게 되었다. 그때 경찰병원에 불교 법당이 개설되었다. 경승실도 있었고 스님도 계셨다. 한없이 기뻤다. 간호학원 마치고 남편 입원실에 도착하면 밤 11시였다. 남편을 생각 하면 피워보지 못한 꽃 한 송이 같아 안타까웠고 아이들을 생각하 면 부모 잘못 만나 멀리 떨어져 고생하는구나 생각되어 부처님 앞 에서 울기도 많이 울었다. 틈틈이 법당을 찾아 절도 하고 불교 관련 책도 읽으면서 불교에 대해 알아가는 재미가 있었다. 환희심이 생기 고, 무릎이 부서져라 절도 하면서 '현생에서 남편을 끝까지 간병하 며 살아가야 하는 게 내 인생의 숙제구나' 알게 되었다.

받아들이고 나니 짜증도 근심도 내려놓아졌다. 내 옆에 살아 숨 쉬고 있는 남편이 한없이 고마웠고, 만져볼 수도 있음에 감사했다. 숨 쉬고 살아 있으니 내 남편 김종현이라는 이름도 쓸 수 있고, 눈 이라도 마주치면 더없이 행복했다. 한편으로는 아이들이 너무 보고 싶었다. 아이들은 엄마도 못 보고 조부모님과의 생활이 많이 힘들 었는지 전화 통화를 해도 말을 하지 않았다. 여름방학에 서울 둘째 시누이 집으로 데리고 와서 초등학교와 유치원에 다닐 수 있도록 했다. 매주 토요일 시누이 집에서 병원으로 아이들을 데리고 와서 같이 자고 일요일 저녁에 다시 시누이 집으로 데려다 주기를 3년을 했다. 1991년 11월 당시 경찰병원장님과 간호과장님의 배려와 추천으로 임시직으로 근무하던 중 특별경쟁 채용시험에 합격해 1992년 9월에 경찰병원 기능10급 간호조무사로 근무를 시작했다. 32세에 공무원으로 근무할 수 있게 해준 남편에게 감사했다. 남편이 사고 당해서 이 세상 사람이 아니었다면 간호조무사 공부도 할 수 없었고, 공무원이 될 수 없었고, 부처님 법을 받아 지닐 수도 없었을 것이다.

남편은 일반 병실에서 계속 투병하고 있고, 아이들은 시누이 집에서 같이 지내며 생활은 계속되었다. 나는 남편과 같은 공간에서 간호조무사로 근무하고 남편이 내 옆에서 숨 쉬며 살고 있고 아이들은 학교생활 잘하고 있는 상황이 꿈만 같았다. 남편은 아침이면 기지개를 켜며 잠을 깨고 하루 종일 천정만 바라보고 눈을 껌벅거리다 저녁이면 눈을 감고 잠을 잔다. 같은 병실에 입원한 환자들은 남편이 어디가 아픈 사람인지 모를 정도였다.

남편의 식사는 교통사고 후 현재까지 친정엄마가 해주시던 대로 내가 직접 미음을 만들어서 드리고 있다. 영양소를 골고루 섭취할 수 있도록 식사 재료 30여 가지 첨가해서 미음을 만들어 튜브로 식사를 하고 있다. 계절 과일과 야채도 믹서와 주서기로 갈아서 주고 있다. 욕창이 사망 원인이 될 수 있음을 알기에 늘 남편 목욕과 식사에 신경 쓰고 있다.

직장생활을 하던 중 1992년 가을 강남구 수서동에 위치한 방 2

개 있는 11평 영구임대 아파트에 당첨되어 경찰병원 근처에 자리를 잡았다. 살아갈 집과 직장이 생긴 1992년은 행운의 해였다. 병원 근무를 마치고 나면 저녁 시간을 어떻게 보낼까 생각하다가 1993년 한국방송통신대학교 전산학과에 입학하여 컴퓨터 공부를 시작했다. 1994년 겨울방학에 시누이집에 있는 아이들을 수서동 집으로 데리고 오면서 학교도 전학을 하고 같이 살게 되었다. 하지만 퇴근하고 집에 가면 병실에서 천정만 바라보고 누워 있는 식물인간 상태의 남편이 걱정되었고, 병원에 있으면 집에 있는 아이들이 걱정되어 하루하루가 두렵고 힘들었다.

병원에서 특별히 해주는 치료는 없었다. 병원비도 큰 부담이 되고 남편은 눈에 띄는 변화를 보이지 않고 시간만 흘러가고 있었다. 남편과 아이들과 한집에서 같이 살기 위해 1996년 가을 영구임대 아파트로 남편이 퇴원했다. 내 몸은 두 개라도 모자랄 지경이었다. 새벽 6시에 일어나 출근하기 전 남편의 가래를 빼주는 처치를 하고, 소변줄로 나오는 소변을 비워놓고, 대변도 치우고, 얼굴과 머리와 입안을 닦아주고 아침식사를 드린다. 아이들 깨워서 밥 먹여 학교 보내고 나는 아침을 먹는 둥 마는 둥 하고 출근을 했다. 12시 점심시간이 되면 집으로 달려가 아침과 같이 점심식사와 간병을 해주고 나는 서서 허겁지겁 점심을 먹고 1시까지 병원으로 돌아왔다. 오후 근무 마치고 퇴근하자마자 집에 와서 저녁에도 똑같은 방법으로 식사와 간병하고 아이들과 저녁을 먹고 나면 피곤이 몰려왔다. 중간 중간 남편이 가래가 올라오면 기침을 하기 때문에 석션으로 가래를 빼줘야 하고 입 안 양치, 머리와 얼굴, 손 등을 매일 닦아주는 등 가만히 앉아 있을 틈이 없었다. 그래도 휴일에 집에서 아이들과 남편과 같이 있으니 마음은 편했다.

휴일이면 아이들과 함께 남편 목욕을 시켰다. 미음을 만들고, 아이들 반찬을 만들고, 빨래와 청소를 하고 아이들 숙제도 봐주고 컴퓨터 공부도 하면서 시간은 흘러갔다. 사춘기를 겪으면서 아이들은 친구들과 놀고 싶은데 아빠를 지켜야 하니 울면서 "아빠가 하늘나라로 갔으면 좋겠다"고 해서 아이들을 부여잡고 울기도 여러 번, 아들은 아빠랑 목욕탕을 가고 싶다고 떼를 써서 같이 울기도 여러 번. 애비 없는 자식이란 소리 안 듣게 하려고, 과부라는 소리 안 들으려고 남편을 살려보려고 무진 애를 썼다. 그런 와중에 1998년 2월 전산학 학사 학위를 받았으며 정보처리기사 자격증도 취득했다. 아이들이 아빠가 아픈 것 때문에 기죽지 않게 키우려고 중심이 무너지지 않게 앞만 보고 살아왔다. 아이들은 일요일이면 어린이 법회에 갔다. 나는 일이 없으면 괜히 짜증나고 쓸데없는 생각이 들었다. 그래서 2000년 경원대학교(현 가천대학교) 대학원에 입학해서 2002년 가을 정보통신공학 석사 학위도 받았다.

남편은 1996년 퇴원 당시 식물인간 상태라는 최종 진단을 받았

고 뇌병변 장애1급 판정을 받았다. 늘 누워서 말 한마디 못하고 눈
도 맞추지 못하는 아버지를 보면서 자라는 아이들을 위해 "애비 없
는 자식 소리 듣지 않게 남편을 잘 보살펴주소서", "아이들이 결혼
할 때까지 아버지의 자리 놓지 않게 지켜주소서" 부처님 전에 끊임
없이 기도를 올렸다. 과외와 보습학원도 보내보지 못했지만 아이들
이 몸과 마음이 올바른 아이로 성장했다. 딸은 아동복지학과를 졸
업하고 보육교사로 근무하다 결혼하여 2남을 두었다. 지금도 부처
님 그늘 아래 어린이집에서 천진불을 보살피는 보육교사로 일하고
있다. 아들도 결혼해 2녀를 두었다. 전자공학과 학업 중에 육군 항
공정비 부사관에 합격해서 하사로 임관해 현재 중사로 근무 중인데
장기복무가 결정되어 자부심을 가지고 임하고 있다. 군 법당 일요법
회 및 각종 행사에도 열심히 참석한다.

　딸이 고등학교 2학년 때, 수능시험일 다음날부터 1년을 작정하고
입시기도를 시작했다. 1년 동안 삼천배를 6번하고 전국의 기도 성취
도량을 찾아다니며 끊임없는 기도를 이어갔다. 2002년 여름, 월드
컵 축구 열기로 온 나라가 대한민국을 외치며 박수 치고 응원할 때
나는 법당 부처님 앞에 엎드려 무릎이 부서져라 절을 했다. 수능시
험날 법당에 엎드려 절을 하는데 딸이 수능시험장에 있는 모습이
눈앞에 필름처럼 지나갔다. 딸은 편하게 시험을 보고 있었다. 합격
안정권인 성적은 아니었지만 서울경찰청장 표창장을 받아 수시전형
으로 합격의 영광을 안았다. 졸업식 날 딸아이 고등학교 담임 선생

님이 어머니의 노력으로 딸이 대학교에 합격했다고 많은 학부모님들 앞에서 칭찬을 아끼지 않았다.

　틈틈이 전국공무원불자연합회 활동을 하며 불광 불교대학에서 불교 공부도 했다. 남편의 건강 상태를 계기로 건강이 안 좋은 노인들, 농촌 지역에 거주하는 의료사각지대에 살고 있는 어르신들, 장애인들을 보면 남의 일 같지 않아 2000년 전국병원불자연합회 창립 멤버로 의료봉사활동을 이끌어왔다. 2003년부터 경찰병원 나눔의료봉사단을 조직해 2018년 현재까지 37회 봉사활동에 1만여 명에게 무료 진료와 무료 투약을 받을 수 있게 총무 소임을 맡아 이끌어오고 있다. 불자들로 구성된 마하의료회에서도 외국인 노동자, 다문화 가정, 복지시설 입소 어르신들을 돌보고, 사찰행사에 의료봉사활동, 해외 의료봉사 활동에 적극적으로 동참하고 있다. 올해도 2월 말에 네팔로 의료봉사 활동을 다녀왔다.

　나 혼자 남편을 간병하면서 직장생활하고 아이들 키웠는데 아들과 딸이 아빠를 간병한 것도 벌써 25년. 5년 전부터는 장애인 활동보조 서비스와 함께 주3회 방문 목욕 서비스도 제공받고 있다. 나의 삶이 조금은 여유로워져서 봉사활동에 더욱 적극적으로 참여할 수 있게 되었다. 아들과 딸이 결혼해서 자녀를 두고 있는 지금까지 우리 가족은 당일 여행을 가본 일이 없다. 아이들은 늘 휴일을 반납하고 아버지를 살펴왔다. 외손자와 손녀는 하늘에서 비행기 소리가 나면 "할머니 나도 비행기 타보고 싶다"고 노래를 한다. 우리 가족 모두가 언제 마음 편히 가족여행을 해볼 수 있을까? 아들과 딸 내외는 주말이면 아이들을 데리고 아버지를 보러온다. 할아버지는 왜 말도 안하느냐고 손녀와 외손자는 물어본다. 그럴 때마다 마음이 시리다.

대답 없는 메아리지만 나는 남편에게 계속 말을 건넨다. 눈이라도 맞추고 싶어 계속 쳐다보다 마음을 진정시키고 "나 출근해요, 집 잘 지키고 있어요" 하고 불교방송 라디오를 틀어놓고 집을 나선다. 퇴근해서 집에 들어가서 남편 얼굴부터 보고 "나 왔어요. 별일 없었죠?" 눈 인사를 나눈다. 전직 경찰관 아내로 30년이 넘는 세월 동안 많은 사람들에게서 격려와 보살핌을 받아왔다. 30년이 흐르도록 남편이 의식을 회복하지 못하리라고는 상상도 못했다. 남편의 경찰 동기들은 이제 정년퇴임을 했다. 경찰병원에 진료 받으러 와서는 나를 찾아와 남편이 지금도 살아 있는지 궁금해 하며 조심스럽게 물어본다. "집에서 건강하게 잘 지내고 있어요" 하면 많이 놀란다. 우리 마누라 같으면 나 버리고 벌써 도망갔다고 하면서 너스레를 떤다. 아버지의 사랑도 받아보지 못하고 성장한 나의 아들과 딸에게 나까지 짐이 될 수는 없다. 그래서 나는 끊임없는 운동으로 건강을 관리하고 있으며 금강경 1,000독 회향, 본불정존승다라니경 1,000독 회향, 각종 경전 사경과 108참회 등 끊임없이 기도한다. 인연 닿는 사찰이 불사를 하면 지속적으로 보시하면서 자비 나눔으로 정진하고 있다.

2021년 말이면 나도 정년퇴임이다. 남편과 같은 상태의 환자들을 위한 시설을 운영해볼 계획이다. 그래서 사회복지사 자격증도 취득했다. 남편이 언제까지 내 옆에서 숨 쉬고 살아갈 수 있을지는 모르지만 남편과 같은 상태의 환자들은 갈 곳이 없다. 장애인 시설에서도 의사표현도 못하는 식물인간 상태의 장애인은 받아주지도 않는다. 나와 같은 가족들이 마음 편히 믿고 의지하고 맡길 수 있는 안정되고 신뢰감이 있는 시설을 운영해보고 싶다.

지금도 내 옆의 남편은 가래가 차올라와 여러 번 석션을 해주면서 이 글을 쓰고 있다. 기도에서 기계로 강제로 가래를 빼내고 있으니 얼마나 고통스러울까. 모든 발원이 원만히 성취되기를 부처님 전에 기도 올릴 뿐이다.

내 인생의 아랫목

보광 이종택

지방 국립대를 졸업하고 국가직 7급으로 공무원 생활을 시작했다. 집에 큰돈 한 번 준 적 없고 아들 학원도 제대로 보내지 못했다. 장남, 남편, 아빠, 사위 노릇도 제대로 못했다. 남들처럼 좋은 것도 못해 드리고 해외여행 한 번 시켜드리지 못했다. 타 지역에 발령날 때마다 가족과 함께 이사 갈 수도 없었다. 계속되는 혼자만의 객지 생활, 서울에는 관사도 없다. 경복궁 옆 북촌 기와집 동네 잠만 자는 골방에서의 추억도 있다. 그나마 지방에 가면 관사는 있지만 생활비가 이중으로 들었다.

주말이면 사랑하는 가족이 기다리고 있는 집에 간다고 10년간 KTX 어지간히 탔다. 그래도 조금씩 오르는 월급, 늘어가는 연금을 가끔씩 확인하며 위안으로 삼았다. 징계 한 번 없이 청춘을 바쳐 자부심 가지고 소신껏 일했다.

그런데 이런 젠장. 줄 잘못 서서, 재수 없어서가 아니다. 이 모두가 내가 어리석고 욕심 많고 덕이 부족해서 한 방에 이 모양 이 꼴이 되고 말았다. 공무원 잘리고 연금 반 토막 나고 사람 잃고 가족

잃고 친구 잃고 사랑 잃고 모든 것을 잃었다. 그것도 모자라 징역도 더 많이 받고 벌금 내고 추징금 내고 과징금 내고. 뇌물 받은 공무원이라 죄질 나쁘다고 교도소에서도 특별대우까지 받고 있다. 이 아픔 고통 안타까움을 어찌 글로 다 하고 말로 다 할 수 있으리오. 어느 날 갑자기 현재의 모든 상황에서 끌어내려져 모든 권리를 박탈당하고 그저 번호뿐인 존재로 전락하여 죽음보다 못하게 살아가는 곳이 징역이다. 나는 죄 지었으니 벌 받는 것이 당연한데 나의 가족지인 친구 동료들은 무슨 죄가 있어 나 때문에 고통받아야 하는 것인지. 나는 또 다른 더 큰 죄를 지은 것이다. 이 죄를 어찌 갚아야 할지….

여기 와서 나는 한동안 아무것도 할 수 없었다. 뭘 한다는 것이 불가능했다. 그 사람을 위해서 아무것도 해줄 수가 없었다. 그저 인간의 탈을 쓴 겁먹은 식충이로 길들여져만 갔다. 나는 있기는 있는데 어디 있는지 어떻게 지내는지 뭘 하는지 알 수 없는 존재가 됐다. 서류상에서도 사라진 존재이고 차츰 사람들의 기억 속에서도 사라져갔다. 친척들에게는 미국 출장 중인 조카이고, 처갓집에는 미국 파견근무 간 이서방이고, 아파트 관리회장에게는 미국지사 근무하는 508호 사장님이고. 조상님들에겐 차마 거짓말을 하지 못했다. 이런 나는 도대체 어떤 존재인가? 나는 도대체 무엇인가?

4년 전 이른 봄날 오전에 갑자기 집을 압수수색 당하고 이틀 후

이른 아침에 조용히 체포되었다. 그때부터 나와 사랑하는 가족의 고통은 시작되었다. 부랴부랴 변호사 선임했지만 영장실질심사도 형식이었고 결국 구속되었다. 혹시나 했던 구속적부심도 소용없고 그때부터 밖에 있는 가족의 삶은 엉망이 되었다. 열심히 일하면서 가정 돌보던 가장이 하루아침에 사라졌으니 어쩌란 말이오. 나도 죄수복으로 갈아입고 구치소의 좁은 방에서 다른 죄수들과 함께 징역살이를 하자니 차마 말로 못할 죽을 맛이었다. 재판이 진행되면서 내가 못 먹는 줄 알고 먹을 것도 넣어주고 추울까 봐 옷도 이불도 넣어 주면서 매일 7분의 짧은 접견을 위해 먼 구치소를 오가며 잘되면 나갈 수 있을 테니 조금만 더 고생하라며 서로를 위로했었다. 3심의 대법원까지 있는 돈 없는 돈 다 써가며 1년 넘도록 법원과 투쟁했지만 모두 헛것이었다. 결국엔 나 혼자 멀리 떠나 징역살이를 시작했다.

유배의 고장, 슬퍼서 아름다운 고장, 영월로 왔다. 태화산을 바라보며 560여 년 전 나보다 더 큰 아픔 안고 이곳에 유배 온 어린 슬픔을 생각하니 너무나 죄스럽고 부끄러움에 차마 저 달을 쳐다 볼 수가 없었다. 지나고 보니 변호사 검사 판사 모두 나쁜놈들이고 한통속이라고 욕 안 하는 사람 없더라. 그래서 억울하다 할 것인가? 원망도 많이 했다. 이 땅에 정의는 있는 것인가? 운명도 탓했다. 가야 할 사람은 안 가고, 안 가야 할 사람은 떠나고, 있어야 할 사람은 없고, 없어야 할 사람은 있고. 아! 이것을 운명이라 했는가. 진정 정의는 없는 것인가? 내가 지금 여기 있는 것도 운명을 원망하는 것도 운명이 욕을 먹는 것도 모두 운명이란 말인가? 이것을 숙명으로 받아 들여야 하는가? 이 모두 나의 잘못인 것을 누굴 탓하고 누굴 원망하리오!

그동안 나도 나지만 가족들 지인들 고생도 말 못했을 것이다. 내가 몇 년 동안 이렇게 있으면 가족은 어찌 되겠나. 가족은 잘 있으니 당신 건강 잘 챙기고 걱정하지 말고 잘 지내라는 그 말을 믿겠는가. 아내가 차마 말도 못하고 혼자 얼마나 많이 울었는지 안다. 고생 많이 한 것 안다. 가족에게는 씻을 수 없는 너무나 큰 죄를 지었다. 아내에게 할 말이 없다. 너무 아파서 표현할 수 없음이다. 어린 시절 만나 죽도록 사랑했고 눈이 멀어 나랑 결혼했는데 남들이 안 하는 고생만 실컷 시키고 호강 한번 시켜주지 못했다. 나만 보고 아내 역할만 잘하면 되는 줄 알았는데 아내보다 며느리에 더 충실해야 했고, 아들이 생기면서 엄마라는 중요한 임무가 추가 되었고 신랑은 돈 번다고 객지 생활하니 엄마 노릇 아빠 노릇 아들 노릇에 가장 역할까지 하게 했으니 계획에도 없는 너무나 큰 짐을 지게 했다. 차마 사랑한다는 그 말도 이제는 하지 못한다.

"그때 그냥 가지 왜 안 가고 와서 이렇게 고생하시오. 항상 미안하고 고맙고 사랑하는 사람, 그 사람 나의 아내여! 너무 아파하지 말고 눈물 너무 많이 흘리지 말고 건강하게 잘 버텨주길 바라오."

36

"아들아! 너의 등을 밀어준 지도 벌써 4년이 지났구나. 차츰 넓어지는 너의 등을 밀며 힘든 줄도 몰랐고 기뻤다. 내 가슴속 아들은 항상 시리다. 아픔이고 슬픔덩어리다. 아비 노릇 제대로 못했기 때문이다. 아빠 없는 동안 아픈 엄마 잘 돌보면서 늠름하고 건강하게 잘 자라주어 항상 감사하고 자랑스럽다."

이 아픈 사랑을 어찌 말로 다하고 글로 다하리오….

"멍아! 아빠는 매일 기도 한단다. 너가 건강하게 아빠 대신 엄마 잘 지켜주기를. 여기 와서 처음 영상통화한 날 너가 나를 알아보고 쿵쿵 소리 낼 때 너를 만져 보고 싶어 그 작은 핸드폰 화면 속으로 들어가고 싶더라. 나도 그 속에 함께 있고 싶더라. 그냥 그 속에 나를 집어넣고 싶더라."

징역은 한 가정을 파탄시키는 일이오, 한 개인을 완전히 파멸시키고 사람을 죽이는 일이다. 세상 사람들이여! 차마 이 글로 다 표현하지 못하지만, 절대로 죄 짓지 말고 착하게 사시길. 존재도 없고 죽음보다 못한 곳이 징역이다. 우리는 46억 년 전 하나의 강한 불꽃이 튀어 깊은 바다 속에서도 차디찬 빙하 속에서도 뜨거운 태양 아래서도 거대한 공룡 앞에서도 천지개벽하는 대폭발 속에서도 큰 간절함이 있어 오랜 긴 시간 끝까지 살아남아 드디어 인간의 모습으로 이 땅에 태어났다. 이 어찌 소중한 탄생이 아니랴! 그래서 우리 모두는 소중한 것이다. 모든 것 버리고 아픔만 남겨둔 채로 결코 나는 스스로 떠날 수 없었다.

무기력한 식충이의 죽음보다 못한 지옥의 시간은 그렇게 흘러갔다. 세월이 약인가. 어느 날 장모님께서 돌아가시기 10일 전에 "이서방! 밖에는 걱정 말고 건강 챙기고 마음 잘 다스리라" 하시며 넣어주신 책《생활 속의 관음경》을 보았다. 그때부터 자나 깨나 관세음보살님의 명호를 불렀다. 드디어 조금씩 마음의 안정을 찾을 수 있었다. 장모님께서 어리석고 못난 나를 관세음보살님의 상이 모셔져 있는 불교방으로 이끌어주셨나보다. 3층 전망 좋은 곳 5평 남짓한 크기의 해수관음도를 모신 방이었다. 관세음보살님 전에 매일 눈물로 참회하며 간절히 기도하는 것이 내가 할 수 있는 전부였다.

잘못했습니다. 잘못했습니다. 잘못했습니다.

저에게는 53세 된 마음씨 착한 아내가 있습니다. 없는 집에 시집 와서 아들 낳고 시집살이 하면서 신랑도 없는 집에 시어머니 간병 한다고 고생만 하고 그것도 모자라 신랑 옥바라지까지 하고 있습니다. 우울증이 너무 심하여 약 없이는 잠을 이루지 못하고 제대로 먹지도 못하고 너무 마음 아파하고 있습니다. 간절히 원하옵건대 사랑하는 아내가 하루 빨리 건강을 회복하고 이 난관을 헤쳐나갈 용기와 지혜를 주시옵소서.

감사합니다. 감사합니다. 감사합니다.

잘못했습니다. 잘못했습니다. 잘못했습니다.

저에게는 26세 된 사랑하는 아들이 있습니다. 중1때 객지로 발령 나서 아빠 없이 자라게 했고 같이 놀아주지도 못했고 이야기도 들어주지 못했습니다. 이 못난 아비 때문에 4년하고도 한 학기 더 휴학하면서 아픈 엄마 돌보면서 알바하면서 힘들게 버티고 있습니다. 이제는 더 이상 휴학 할 수 없어 군대를 가야 합니다. 간절히 원하옵건대 너무 아파하지 말고 좌절하지 않고 이겨낼 용기와 지혜를 주시옵소서. 하루 빨리 원하는 곳에서 국방의 의무를 수행할 수 있도록 하게 하여 주시옵소서. 감사합니다. 감사합니다. 감사합니다.

멍이라는 개가 있습니다. 너무나 귀엽고 사랑스러운 아내의 수호천사입니다. 사람 물지 않고 건강하게 오래오래 우리 곁에 지낼 수 있도록 보살펴주시옵소서.

감사합니다. 감사합니다. 감사합니다.

저로 인해 많은 사람들이 고통받고 있습니다. 저의 잘못입니다. 제가 지은 모든 죄를 참회하옵니다.

잘못했습니다. 잘못했습니다.

잘못했습니다.

이 못나고 어리석은 사람 잘 견디다 하루라도 빨리 사랑하는 가족의 품으로 돌아 갈 수 있도록 하여 주시옵소서. 국가와 사회에 봉사하며 성실하게 살겠습니다.

감사합니다. 감사합니다. 감사합니다.

잘못했습니다. 잘못했습니다. 잘못했습니다.

그것은 모든 시간 내가 할 수 있는 전부였다.

매일 저녁 예불에 참여했고 도반의 권유로 신묘장구대다라니 100일 기도를 시작했다. 하루에 100회 독송을 했다. 얼마 전 500일 기도를 마쳤다. 절수행도 많이 했다. 하루 오백배도 하고 천배도 했다. 매일 108배는 하루도 거르지 않았다. 불교 서적도 많이 보았다. 특히 금강경 해설서를 보면서 금강경 하루 10독 100일 기도를 시작했다. 6,000독을 마치고 지난 2월 26일부터 다시 1,000독을 시작했다.

아침에 일어나면 천수경, 반야심경으로 시작해 움직일 때는 언제나 관세음보살 명호를 일심으로 칭명했다. 쉬는 시간에는 금강경을 독송하며 하루가 끝날 때는 금강경 마지막 10독을 하고 잠자리에 들었다. 금강경을 머리맡에 두고 잔다. 나의 간절한 마음 그대로 꿈나라로 가져가기 위함이다.

차츰 마음이 안정되었다. 희미하게만 보였던 불교방의 수월관음도의 관세음보살님의 옷깃, 앵무새, 관음죽, 정병의 버드나무, 선재동자의 모습이 하나하나 뚜렷이 보이기 시작했다. 내가 살아오면서 얼마나 많은 죄를 지었는지 보이기 시작했다. 그동안 모르고 살았던 불교의 많은 가르침에도 조금씩 눈떴다. 부처님의 팔만사천법문을 다 보지는 못하였지만 카리스마 있는 강력한 지도자였음을 보았다. 항하의 모래알 수 만큼의 항하가 있고 그 항하에 있는 모래알 수만큼의 삼천대천세계가 있다고 한다면 그 크기와 수량을 짐작할 수 있겠는가? 가히 우리의 상상을 초월하고 측량할 수가 없다. 자신을 위해 이런 크기만큼의 복을 쌓는 것이 남을 위해 보시하는 것의 백 천만억분의 일의 비유에도 미치지 못한다고 하니 그 가르침을 어찌 말과 문자로 다 할 수 있으리오. 무한의 시공간 속에 소중한 생명으로 태어나 고작 100년을 아옹다옹 살면서 형체도 없는 것에 집착하여 사는 것이 얼마나 어리석은 일인가! '내가 가벼워지는 이유'를 몰랐다.

    욕심은 무거운 것
    크고 이렇게 단단한 것을
    내가 여기에 있는 이유가 모두 이것 때문이었구나
    아직도 나 이 무거운 것을 내려놓지 못하고 있으니
    어찌 그 무게가 줄어들 수 있으리오
    언제나 깨우치려나

    점점 가벼워진다
    무거운 짐을 하나하나 벗어내고 있나보다
    몸 안에 쌓인 욕심덩어리 성질덩어리 어리석은 덩어리가
    조금씩 빠져나가고 있나보다

    이렇게 세상이 달라 보이는 것을

날아 갈 것 같다
이 모두 나쁜 마음이 그런 것을 알고
살아오면서 차곡차곡 쌓인 그 덩어리를
털어 낼 수 있다면
이 시간들이 어찌 헛된 것이라 하리오

여보, 이제 그만 그 무거운 짐을 내려놓으시구려!

그리고 가장 아름다운 나를 보았다. 부처님 전에서 열심히 참회 기도하고 땀에 젖은 모습이었다. 거울 속의 나는 항상 미웠는데, 눈에 광채가 나고 몸 안의 나쁜 기운이 빠져나가고 새로운 기로 충만한 모습이었다. 세상이 달라 보였다. 생활 속의 모든 것이 조금씩 변해갔다. 하늘이 주는 많은 축복과 선물을 보지도 못하고 듣지도 못하고 눈 감고 귀 막고 살았는데 자연이 주는 선물도 보게 되었다.

지난겨울 눈 내린 어느 날, 자고 일어나니 산을 깎아 만든 운동장 한쪽 높은 경사면에 국화꽃의 큰 제단이 만들어져 있었다. 저 언덕 너머 자유의 세상으로 가기 위한 제단인가 죄 지은 자 참회하는 하늘의 제단인가? 조용히 합장하며 기도했다. 청산은 예나 지금이나 그대로인데 내 마음만 왔다 갔다 한다. 내 마음속에 파고드는 온갖 얽매임 어디서 오는지도 알 수 없고 무슨 까닭인지도 알 수 없고 시작도 없고 끝도 없는 온갖 걱정 근심 욕망의 잡생각들이 쉬지 않고 번갈아 오면서 갈 길을 방해한다.

인간의 본성이야 원래 고요한 것이겠지만 갑자기 감정과 욕망이 일어나면서 끝없이 근심과 상념이 물결치고 있는 것이다. 내가 짓고 내가 받는 나의 업이거늘. 은하수를 가져다 이 마음 씻을 수 있을까. 모든 것이 마음 하나에 있는 것이거늘 마음의 눈을 뜨지 못하니 나의 본래 마음을 보지 못하고 매일 이렇게 온갖 잡생각에 왔다 갔다 하는 것 아닌가.

사람들은 나의 얼굴이 여기 올 때보다 좋아 보인다고 말한다. 그저 나는 열심히 기도할 뿐이었다. 드디어 부처님께서 나의 간절함을 들어주셨다. 나는 그 기쁨을 '기도빨'로 노래했다.

느낌이 오는가
뭔가 간절히 원할 때
그 기도를 누가 들어 주었을 때
그 기분 그 느낌 아는가

물론 그럴만한 상황에서
그렇게 이루어진 것이겠지만
그것을 간절히 원하면서
매일 간절한 마음으로

기도를 했다고 한다면
그 기쁨을 그대는 알겠는가

자신의 간절함이 조금이라도 영향을 미쳤을 것 같은
느낌을 받은 그 기분을 아는가
감사합니다, 그 말이 절로 나오는 그 기분을 아는가
눈물 나는 그 심정을 아는가
열심히 기도하겠다고 다짐하는 그 마음을 그대는 아는가

나의 마음 자세를 가다듬고
하심의 마음으로
항상 참회하면서
베풀고 살면
그런 생활이 몸에 쌓이면
복이 절로 오는 것인가

기적 같은 일이 일어났다. 간절히 바라던 대로, 멀리 떠나기로 되어있던 아들이 집 근처에서 근무하게 된 것이다. 너무 감사했다. 아들이 드디어 입대를 했다. 그날 세 가족은 눈물을 흘렸다. 아픈 엄마, 멀리 가 있는 아빠, 걱정하며 울먹이며 돌아섰을 아들. 아들 보내고 돌아서 눈물 참지 못했던 아내, 가보지도 못한 나는 하루 종일 숨어 울었던 그날이었다.

아들이 가기 전에 보러 온다는 것 못 오게 했다. 보면 서로 눈물만 날 텐데 못 오게 하는 이 못난 아비 심정 아들은 알 것이다. "아버지 걱정 마세요. 제가 누구 아들입니까?" 아픈 엄마 두고 발길 안 떨어진다는 아들, 혼자 있는 엄마가 걱정이라 말하며 아들은 드디어 입대했다. "아들아! 엄마는 아들 생각하다 힘들면 아빠 생각하고 그렇게 버티면 된다. 엄마 걱정 말고 잘 견뎌야 한다." 아내에게는 "사랑하는 두 남자가 있는데 한 사람은 법무부에서 보호하고 한 사람은 국방부에서 보살펴주니 무슨 걱정이 있겠소"라며 울부짖었다.

1년 전 그날은 아름다운 슬픈 봄날이었다. 뭐가 그리 바빴는지 한동안 봄이 오는 소리 보지도 못하고 듣지도 못하고 스스로 눈 감고 귀 막고 침묵의 봄을 살았는데, 인생의 어둡고 소리 없는 침묵의 봄을 깨고 다시 태어난 아름다운 봄날이었다.

아내도 건강이 많이 좋아졌다. 아들은 아픈 엄마를 잘 돌보면서 성실하게 국방의 의무를 수행하고 있다. 좁은 공간에서 혼자 흥얼흥얼 노래도 부르고 미친 척 소리도 지르고 소리죽여 울기도 하며 보낸 이 시절은 내 욕심만 차리고 내 고집만 부리고 앞만 보고 아등바등 살아온 내 인생의 윗목이었다. 그러나 고통의 시간, 참회의 시간, 그리움의 시간, 기다림의 시간이 지나고 보니 이곳에서 보낸 한 철은 내 인생의 아랫목이었다. 나 살아 있으니, 나 부처님의 세상에

다시 태어났으니…. 사람 몸 받기 어렵고, 불법 만나기 어렵거늘, 이
승에서 깨닫지 못한다면 언제 깨달으리오! 오늘도 부지런히 정진할
뿐이다.

포교원장상

지장경이 준 선물

묘진여 정여원

남편의 사업으로 중국에서 10년 가까이 살다 한국으로 영구 귀국한 지 이제 1년 남짓 되었다. 초등학교를 북경 현지학교에 입학했던 딸은 어느덧 훌쩍 자라 올해 대학교에 입학을 했다. 아침마다 학교 가기 싫어 눈물 짓던 때가 엊그제 같은데, 그때 생각만 하면 아직도 마음 한 켠이 시려 오기도 한다. '니하오', '짜이지엔' 인사말만 배우고 입학한터라 가끔 오줌도 지리고 오고 똥도 묻혀 오기도 했다. 그러면서 점점 중국어도 늘고 친구도 사귀며 잘 적응을 해나갔다. 그렇다고 생각했다. 그러나 그건 나의 착각이었다.

어느 날 아이 머리에 동전만 한 크기 두 군데에 머리카락이 빠져 있는 걸 보았다. 때마침 방학이어서 한국에 들어와 있던 터라 의사 선생님께 여쭤보았다. 선생님께선 아이의 머리를 살펴보시더니, "어린 아이가 얼마나 스트레스를 받았으면 원형탈모가 생겼을꼬?" 하셨다. 그 말을 듣는 순간 눈물이 왈칵 쏟아졌다. 자식이라곤 달랑 딸 하나인데 아이가 이렇게 병들어 가는 줄도 모르고 난 도대체 뭘 하고 있었는지 내 자신이 너무 한심하고 용서가 안 되었다.

중국에서의 생활은 그리 녹록치 않았다. 남편은 생각대로 사업이 잘 되지 않았고 아이도 학교생활을 여전히 힘들어 했다. 나 역시 건강이 좋지 않아 늘 약을 달고 살았다. 어느 날 한국에 잠시 들어왔을 때 오래전 알던 아이 친구의 엄마를 우연히 길에서 마주쳤다. 반갑게 인사를 주고받고 나니 대뜸 그 엄마가 나에게 "낯빛이 안 좋아요"라고 했다. 나는 뜬금없는 소리에 그저 웃기만 했다. 그 엄마는 뭔가 눈치를 챈 듯 "시간 괜찮으면 나랑 절에 가볼래요?" 하면서 며칠 전 팔공산 갓바위에 갔다 오면서 뵈었던 스님 얘기를 늘어놓았다. 눈이 반짝반짝 하니 예사롭지 않은 비구니 스님이란다. 나는 뭔가에 홀린 듯 맞장구를 쳤고 다음날 그 엄마와, 그 비구니 스님이 계시는 암자로 갔다.

일흔이 넘으신 스님이신데 정말 눈이 반짝반짝 빛나고 뭔지 모를 아우라가 느껴졌다. 스님께서 주신 차를 마시며 나의 소개를 하고 이런저런 담소를 나눴다. 스님은 가만히 미소를 지으시면서 책 한 권을 내어 주셨다. 지장경이었다.

"책은 잘 읽겠네, 그냥 한번 읽어봐."

다른 아무런 말씀도 없이 그저 이 두 마디뿐이었다. 집으로 돌아와 스님께서 주신 책을 꺼내 보았다. 슬쩍 봐도 묵직하니 지루해보이기만 한데 스님은 내게 왜 이 책을 읽어 보라 하셨을까? 궁금증을 풀려면 책을 읽어 보아야 했기에 그날 바로 두 번 정독을 했다.

나는 평소 꿈을 안 꾸고 숙면을 취해 본 적이 거의 없는데 그날은 어찌 된 일인지 꿈도 안 꾸고 아주 편하게 잠을 잤다. 나는 그것이 전날 암자에 올라가느라 몸이 피곤해서 그랬을 것이라고 생각했다. 그리고 지장경을 정독하여 두 번을 더 읽었다. 그런데 그날 밤에도 여전히 숙면을 취했다. 참으로 이상하고 신기한 일이 아닐 수 없었다. 스님을 뵈어야 했다. 이번엔 딸이랑 동행을 했다.

스님은 여전히 미소로 반갑게 우릴 맞이해주셨다. 마치 할머니가 손녀를 반기듯이 어린 아이가 산속 암자에 올라 온 걸 무척 대견해 하셨다. 스님께서 먼저 지장경을 읽어 보았냐고 물으셨다. 나는 이틀 동안의 이야기를 말씀 드렸다. 그런데 스님께선 여전히 까닭은 말씀을 안 해주시고 "그럼 됐다, 열심히 한번 읽어봐"라고만 하셨다. 그러면서 돌려 드리려고 갖고 간 책과 함께 방에서 한 권을 더 꺼내 오셔서 내게 주셨다. 한 권은 내가 가지고 한 권은 주고 싶은 사람 있으면 주라고 하셨다. 딸아이에게도 책 한 권을 선물로 주셨다. 그리고는 광명진언을 가르쳐주시며 학교 갈 때 현관문 나서면서 꼭 외우고 가라고 일러 주셨다. 딸아이는 아홉 살 그때부터 아직까지도 집을 나서며 광명진언을 외운다.

중국으로 돌아와 매일 지장경을 읽으면서 조금씩 스님의 깊은 뜻을 이해할 수 있었다. 책 속에 답이 있었고 길이 있었다. 지장경을 읽기 전까지 나는 늘 남편을 원망했고, 아이에겐 죄책감으로 미안해했다. 남편에게 불만이 가득 차 있어 대화만 하면 화를 내고 싸우게 되니 남편인들 어찌 마음 편히 바깥일을 할 수 있었을까. 아이 또한 늘 싸우는 부모를 보며 두렵고 불안했을 것이며, 학교생활 적응은 또 얼마나 힘들었을까.

지장경을 읽으면서 내 자신의 무지함을 탓하며 정말 울기도 많이 울었다. 결국 나의 욕심이 내 가족을 힘들게 하고 구렁에 빠뜨리고 있었던 것이었다. 스님은 이런 나를 다 읽으셨던 모양이었다. 늦게나마 스님을 만난 게 얼마나 다행스러운지 모른다.

지장경을 읽기 전과 후의 나의 생각은 정말 많이 달라졌다. 남편은 오랫동안 중국에서 사기도 많이 당하고 사업이 잘 되지 않았다. 하지만 단 한 번도 원망한다거나 잔소리를 해 본 적이 없었다. 적은 생활비여도 항상 "고마워, 아껴 쓸게"라는 말을 달고 살았고, "다 잘 될 거야, 난 당신을 믿어"라고 오히려 용기를 북돋워 주는 말로 위로를 하곤 했다. 나의 진심을 느낀 남편 또한 어느 순간부터 내게 고맙다는 말을 하기 시작했다. 결혼하고 10년만인 것 같다. 남편에게 고맙다는 말을 들어 본 것이.

딸아이에게도 욕심을 부리지 않았다. 대학에 가기 전까지 공부하란 소리를 거의 하지 않았다. 외국에 살다보니 우리 부부는 첫째도 안전, 둘째도 안전을 강조했다. 그리고 그저 건강하게 행복한 아이로 자라주기만을 바랬다. 어느 날 아이가 내게 물었다.

"엄만 왜 다른 엄마들처럼 공부하라고 안 해?"

"공부 안 해도 돼, 그냥 일찍 자. 건강한 게 최고야."

그러면 오히려 "싫어, 공부하다 잘 거야" 하면서 문을 닫고 들어가버리기도 했다. 그 덕분인지 딸아이는 원하는 대학, 원하는 학과에 입학했다. 아직 남편 사업이 잘 되진 않지만 우리 가족은 그럭저럭 밥 먹고 살고 있다. 그럼 되지 않을까? 집도 있고 건물도 있으면 좋겠지만 난 그런 것이 하나도 부럽지 않다. 왜냐하면 우리 가족 항상 서로에게 감사하며 건강하게 잘 살고 있는, 이것이 진정한 행복이고 부자의 삶이 아닌가 생각한다.

매일 지장경을 읽고 사경을 하며 기도를 하던 어느 날이었다. 중국에서 세를 얻어 살던 집주인은 조선족 할아버지, 할머니셨다. 어찌나 정이 많으신지 우리 가족이 불편함이 없이 살게 해주시려고 많이 애를 써주셨다. 덕분에 우린 그 집에서 6년을 살았다. 그런데 6년째 되던 해 할아버지께서 병환으로 갑자기 돌아가셨다. 할머니는 장례가 끝나고 딸집에 머물다 한 달 뒤 고향으로 돌아오셨고 며칠 후 나를 찾아오셨다. 그 곱던 할머니의 수척해진 모습을 뵈니 눈물이 앞을 가렸다. 할머니도 나를 보자마자 "딸처럼 여기며 그렇게 챙기더니…" 하시며 나를 안고 한참동안 눈물을 흘리셨다.

조금 진정이 되셨는지 할머니께서 내게 말씀하셨다.

"저네 종교가 불교라 하지 않았소?"

"예, 맞아요. 저 불교에요."

"그럼, 저네 혹시 지장경이라는 책을 아오?"

52

"알죠. 제게도 그 책이 있는 걸요."

그리고선 얼른 책상 위에 있던 지장경 책을 보여 드렸다.

"내 영감 떠나고 신경을 써서 밥도 못 먹고 몰골이 이래 있으니 누가 말 합디다. 지장경이라는 책을 읽으면 영감도 좋은 데 가고, 나도 마음이 좀 편해질 끼라고, 한국 사람한테 물어보라 해서 내 저네한테 이리 물어 보오."

그 말을 듣는 순간 나는 심장이 쿵쾅거리기 시작했다. 정말 기이한 인연이 아닌가? 하필이면 나에게, 그것도 지장경을? 사실 스님께서 주고 싶은 사람 있으면 주라고 하셨던 책 한 권을 마땅히 줄 사람이 없어서 여태 가지고 있던 터라 할머니의 그 말씀이 너무나 반가웠다. 이 먼 나라까지 와서 조선족 할머니와 지장경에 대해 얘기를 나누리라고는 상상도 하지 못했다. 나는 할머니께서 연세가 있으셔서 하루 한 번씩 읽는 건 힘드시니 매일 조금씩이라도 읽으시는 걸 권해 드렸다. 그리고 염주를 돌리며 '지장보살 지장보살' 염하시면서 주무시라고 내가 쓰던 합장주도 같이 챙겨 드렸다. 할머니는 좋으신지 연신 내게 고맙다고 인사를 하시며 가셨다. 그렇게 할머니께서 가신 뒤 나는 한참을 멍하니 앉아 있었다. 이게 도대체 무슨 일인가 싶어 좀처럼 흥분된 마음이 가라앉지 않았다. 하지만 이내 돌아가신 할아버지와 너무나 야위신 할머니 모습이 다시 떠올라 마음이 아파왔다.

경전을 읽고 부처님과 보살님의 명호를 부르면 죽은 이가 모든 악도에서 벗어나 좋은 곳으로 간다고 자장경에 쓰여 있었다. 그날 저녁 나는 지장경을 정독하고, 지장보살을 염하며 할아버지께서 극락왕생 하시길 정성을 모아 기도를 했다. '신해행증'이라 했던가. 정말 그날 밤에 신기한 꿈을 꾸었다. 꿈에 할아버지께서 오셨다. 멀찍이 떨어져서 내게 '고맙습니다'하고 인사를 하는 것이었다. 그뿐 아니라 할아버지와 같이 있던 다른 영가들도 내게 '고맙습니다' 하고 인사를 하는 것이었다. 잠에서 깨고 난 후에도 그 꿈은 너무나 선명하게 남아 있었다.

며칠 뒤 할머니께서 연락도 없이 갑자기 따님과 함께 나를 다시 찾아 오셨다. 과일을 잔뜩 사들고 들어오시면서 "내 저네한테 너무 고마워서 말해 주러 왔소" 하신다. 난 영문도 모른 채 과일 봉지를 받아 들고만 있었다. "저네 말이 딱 맞았소. 내 그날 저녁부터 책도 읽고 '지장보살 지장보살' 하면서 염주도 돌렸더니 그날 밤 어찌나 편하게 잠을 잘 잤는지 아오? 입맛도 좋아져서 밥도 잘 먹고 이제 기운도 좀 나오. 내 그래서 저네가 얼마나 고마운지 과일이라도 좀 사다줘야겠다 싶어 이래 찾아왔소."

정말 할머니의 얼굴이 며칠 전 뵈었을 때 보다 한결 좋아 보였다. 기뻐하는 할머니의 모습이 어찌나 소녀 같은지 나도 덩달아 기쁘고 한편으론 안심이 되기도 했다. 나는 며칠 전 꾼 꿈 얘기를 해드렸다. 할머니는 꿈 얘기를 다 들으시고 내 손을 꼭 잡으시며 "정말 고맙소, 내가 이 은혜를 어찌 다 갚겠소?" 하셨다. 그러면서 말씀하시는 것이었다. "내 그동안 종교를 믿지 않았는데 저네가 하는 말과 행동을 보니 거짓은 아닌 거 같아, 나도 불교를 열심히 믿어 봐야겠소. 우리 딸도 저네가 보통 사람이 아닌 것 같다고 저네를 보고 불교를 믿겠다고 이리 같이 왔소."

나는 살면서 내가 들었던 그 어떤 말 보다 나로 인해 불교를 믿어야겠다는 그 말이 그렇게 감동적이지 않을 수 없었다. 사실 처음 찾아 오셨을 때 지장경의 영험함이라든지, 나의 경험담에 대해선 말을 하지 않았다. 혹시라도 말이 앞서게 되면 할머니의 간절한 마음에 해가 될까 싶어, 직접 경험해보고 느끼셔야 지장경이 얼마나 훌륭하고 귀한 것인지 깨달을 수 있을 것이라 생각했다.

나는 오히려 할머니께 머리 숙여 진심으로 감사의 인사를 드렸다. 그리고 할머니께는 내가 가진 천주를, 따님에겐 법화경을 선물로 드렸다. 무슨 일이든지 누구든지 진심으로 대하면 반드시 통한다는 것을 부처님께서 증명해 보여주셨다.

누군가 '불자는 그러면 안 돼지'라고 했던 말이 문득 떠올랐다. 그날 이후 나는 불자이기에 더욱 말과 행동에 주의를 했다. 불자로서 나의 언행이 다른 이로 하여금 어떤 결과를 낳게 하는지 확연히 깨달았기 때문이다.

작년 이맘때 쯤 한국에 들어왔을 때 내가 느낀 한국의 이미지는

'치열함'이었다. 사람들은 돈을 벌기 위해 새벽부터 치열하게 살아가고 있었다. 지하철에서는 출퇴근을 위해 옆도 뒤도 보지 않고 부지런히 뛰고 걷는 구둣발 소리, 건물 주변에는 이런 저런 스트레스를 담배 연기에 담아 날려버리는 소리, 커피숍에선 자기를 돋보이려 누군가를 험담하며 깔깔 거리는 소리들로 가득 차서, 하루하루를 똑같은 패턴으로 살아가고 있었다. 여유롭던 내 마음도 이런 소리를 반복해서 들으니 갑갑하고 숨이 막혀 오는 듯했다. 또한 현재 사회는 부정부패, 성폭행, 갑질, 묻지마폭행 등 내 아이가 커 가는 것이 두려울 만큼 공포스럽게 변해 가고 있다. 어떻게 하면 우리 자녀들이 안전하고 행복하게 사는 사회를 만들 수 있을까? 나는 생각한다. 사람들 마음속에 '자비심'이라는 세 글자만 새기고 살면 조금은 우리 사회가 여유롭고 살만한 세상이 되지 않을까.

바
라
밀
상

그 후, 3년

회광명 이경휴

35년을 함께한 남편을 떠나보내고 세 번째 맞는 봄이다. 지금 천지는 꽃동산으로 막을 올렸다. 눈이 펑펑 내리던 2월, 설중매를 시작으로 산수유, 백목련, 벚꽃에 이어 뜰에는 연분홍빛 앵두꽃이 한창이다. 하루가 다르게 새 생명의 풀꽃들도 다투어 피어난다. 홀로 지내는 이곳 지리산 자락은 봄은 더디 오지만 머무르는 시간은 길어서 나는 긴 봄을 보낸다.

오고 감이 분명한 이 세상에서 그는 어디로 간 걸까. 알음알이로는 받아들여지지만 여전히 가슴은 허허롭다. 때로는 미친 듯이 울부짖던 그날들이 새삼 그립기도 한 연유는 무엇인가. 인연이 다하여 갔다는 가르침으로 다져진 기도의 힘일까. 어쨌든, 부처님 고맙습니다. 부처님 고맙습니다.

3년 전, 한겨울 밤 그는 침대에서 내려오다 그대로 쓰러졌다. 그후 6개월 간 그는 온전한 말 한마디 못 하고 우리 곁에 머물렀다. 폐혈증이 급속히 진행되어 수술을 두 번이나 했다. 생존 확률은 장담 못 한다고 주치의는 수술 자체를 꺼렸지만 아들들과 나는 울며 불며 매달렸다. 해외에 근무하던 작은애는 바로 휴직을 하고 들어와서 형과 함께 아빠 곁을 지켰다. 푸른 나이인 아들들의 사전에 포기라는 단어는 아예 없었다. 그들 곁에서 내가 할 수 있는 일이라곤 부처님 전에 엎드려 기도를 올리는 일 뿐이었다.

집에서 가까운 삼각산 도선사로 향하는 게 일과였다. 삶의 고비마다 힘이 되어주셨던 도선사 부처님은 이번에도 나의 간절한 기도에 답을 주시리라는 확신이 들었다. 평소 독송하던 금강경과 신묘장구대다라니 주문을 일념으로 염하며 참회했다. 함께했던 꿈같이 행복했던 시절을 내 잘못으로 예까지 왔다는 죄책감에 괴로웠다. '그때 그렇게 했더라면, 그때 내가 조금만 참았더라면, 그때 내가 왜 그의 말을 듣지 않았는지…'. 끝없는 자책과 후회가 눈물로 쏟아져 내렸다. 그러다 관세음보살님을 바라보면 '괜찮다, 지금이라도 늦지 않았다' 빙그레 미소를 지으며 나를 다독여주는 듯했다. 절로 힘이 났다.

오전에는 두 시간 넘게 걸려 금강경 7독을 하고 자리에서 일어나 108배를 하고, 이어 신묘장구대다라니 108독을 세 번 하고 나면 4시간 가까이 걸렸다. 나름의 기도법으로 용기와 환희심이 솟아났다. 금방 그가 자리에서 일어날 것 같은 예감도 들었다. 그러나 1차 수술이 끝나고 두 달이 되어가도록 그는 중환자실에 있었고 의식은 여전히 희미하게 오락가락 했다. 아들들은 희망을 저버리지 않고 꿋꿋하게 자리를 지켰지만 나는 우울하고 불길한 생각이 순간순간 엄습해왔다. 불안한 마음을 이겨내는 힘은 오직 부처님 전에 엎드리는 것밖에 없었다.

어느 날이었다. 기도에 몰입하다 고개를 들어 관세음보살님을 보았더니, 세상에 이런 일이! 관음보살님이 두 손으로 남편을 들어서 무릎에 살포시 올려놓고 계셨다. 마치 그리스도교 성화聖畵에서 성모님이 아들 예수에게 자비를 베푸는 형상으로 표현된 작품 〈피에타pieta〉처럼 관음보살님이 그대로 화현하신 것이었다. 기쁨의 눈물이 폭포를 이뤘고 곧 그가 일어나리라는 확신이 들었다. 며칠 후, 기적 같은 일이 벌어졌다. 그는 중환자실에서 일반병동으로 자리를 옮겼다. 우리는 마치 퇴원이라도 하는 양 들떴고 나는 부처님의 가피라는 느낌에 뜨거운 눈물이 강물처럼 흘렀다. 담당의사는 조금씩 차도가 있으니 상황을 봐서 2차 수술을 하자고 했다.

우리는 2차 수술에 희망을 걸었다. 두 달 넘게 중환자실에서 제한된 시간에만 면회를 하다가, 일반병동으로 옮겨오니 집으로 돌아온 것 같은 기분이었다. 그는 우리를 보며 희미하게 자주 웃었고, 작은애의 손을 어루만지며 들릴 듯 말 듯한 소리로 "내 꼴통!" 하면서 평소처럼 농을 건네기도 했다. 퇴근하여 들르는 며느리더러는 피곤하겠다며 자꾸 집으로 들어가라고 배려를 했다.

병실 밖에는 봄이 무르익어 가고 있었다. 꽃보다 잎이 더 아름다운 5월 초순. 그는 일곱 시간 넘게 2차 수술을 했다. 시간이 길어져도 우리는 초조해 하지 않고 오로지 기도만 했다. 회복은 더디었다. 체중은 눈에 띄게 줄어갔고 얼굴엔 쌍꺼풀 진 큰 눈만 덩그러니 초점을 잃고 있었다. 우리로서는 모든 방법을 동원하며 그를 붙잡으려고 애를 썼다. 인터넷으로 우리와 같은 사례를 찾아서 도움을 청하기도 하고, 심지어 간호사 몰래 민간요법을 시도하기도 했다.

칼바람을 맞으며 오르내렸던 삼각산도 녹음이 짙어갔다. 산사 주변은 행락객으로 차고도 넘쳤지만 나는 한없이 우울했다. 완치를 확신했던 기도도 자신감을 잃고 회의에 빠졌다. 그는 눈을 뜨고 있는 시간보다는 혼미한 상태가 계속 되어갔다. 쓰러진 후 나에게 말한마디 못 건넨 그를 바라보며 내 속은 바짝바짝 탔다. 나는 그의 귀에 대고 끝없이 속삭였다. '당신 퇴직하면 가기로 한 지리산으로 퇴원하면 가자. 빨리 기운 차려, 일어날 수 있지…' 간곡한 나의 부탁에 가까스로 화답을 주는 시늉만 했다. 지그시 눈을 감기도 하고, 내 손을 힘없이 잡기도 했다. 더 이상의 피드백은 없었다. 날이 갈수록 불안하고 초조했다.

그가 떠나기 일주일 전 즈음이었다. 새벽녘에 깜짝 놀라 잠이 깼다. 그는 나의 108염주를 양손으로 길게 잡고는 안방 문 앞에서 다정하게 말을 했다. "나 먼저 갈게." 이 짧은 한마디가 꿈속에서나마 나에게 남긴 마지막 말이었다. 한여름의 열기가 천지를 휘감으며 더위는 기승을 부리기 시작할 때였다.

그 후 3년이 지났다. 나는 '산을 돌고 돌아 가는 길'이라는 뜻을 가진 지리산 자락의 도로명 '돌고지로'에 홀로 살고 있다. 남편이 건강할 때 우리의 아름다운 여생을 위한 '약속의 땅'이었다. 마을에서 전봇대를 9개 지나야 있는 외딴집이다. 이웃에 친정 오라버님이 계시기에 혼자 산다는 두려움은 없다.

그 여름, 아름드리 큰 소나무 아래 그를 재우고 나는 서울을 떠날 준비를 했다. 대학생으로서 발을 내민 20대의 서울 생활. 눈부셨던 내 생의 시작이 서울이었고 애간장 끊는 별리의 아픔을 겪었던 곳도 서울이었다. 아들들은 아빠 없이 혼자 가는 산골생활을 극구 반대했다. 더구나 도시 태생인 내가, 외삼촌에 의지해서 노년을 보내는 게 자식으로서는 마음 편한 일이 아닐 성 싶었다. 하지만 나의 결심은 확고했다. 비교하고, 비교 당하면서 경쟁적으로 살아가는 삶에서 벗어나고 싶었다. 비록 그가 먼저 떠나버렸지만 우리가 꿈꿨던 노후였기 때문에 망설임이 없었다.

남편 보내고 맞는 첫해의 봄은 산천이 눈물 속에 잠겨있었다. 입으로는 금강경 마지막 구절을 열 번 백 번 더 되뇌면서도 도대체 꿈으로, 물거품으로, 이슬로… 여겨지지 않으니 어찌 내가 살아갈까. 일념으로 부처님께 매달렸는데도 내 기도가 부족했나, 그럼 어떻게 했어야 했나, 하는 막막함으로 출구가 보이지 않았다. 때로는 인연이 다하여 갔는데 내가 어찌 부처님을 원망하랴. 여태껏 불교 공부를 헛했구나, 하는 자괴감도 들었다.

내 슬픔과 아랑곳없이 자연은 철 따라 아름다운 색깔로 산천을 물들였다. 넋을 잃고 창가에 서서 바라보는 풍경은 그야말로 불법 세상이었다. 변하지 않는 것은 없고, 사계절이 그대로 성成 주住 괴壞 공空의 진리요, 나 또한 그 질서 속에 예까지 왔구나, 하는 깨달음 이 서서히 마음을 편하게 했다.

머리를 자르려고 면에 있는 미장원엘 처음으로 나갔다. 원장은 단 박에 내가 외지에서 온 사람임을 알아채고는 친절하게 이런저런 생 활정보를 알려주었다. 그중 귀를 솔깃하게 한 것은 '국선도國仙道'를 보건지소에서 한다고 했다. 연이 닿아 이제는 나를 일으키려는 지렛 대라는 생각이 들었다. 국선도란 간단히 말해 단전호흡을 바탕으로 한 우리 민족 고유의 심신수련법이다. 평소 남편과 호흡을 맞춰했던 수련이라 다시금 눈시울이 뜨거웠다.

일주일에 세 번 수련장으로 이용되는 보건지소에 나갔다. 열 명 남짓한 사람들이 반갑게 나를 맞아주었다. 서울에서 귀촌한 사범을 비롯하여 모두가 맑고 건강한 표정들이었다. 나도 이곳에서는 귀촌 인이라고 불렸으니 드디어 새로운 날들이 열린 셈이다.

오랜만에 호흡을 의식하고 앉으니 절로 '이뭣고'라는 화두가 잡혔 다. 그는 어디로 갔으며 나 또한 어디로 가고 있는가… 하는 생각이 들다가도 이내 꿈같이 받아들여지지 않는 현실이 괴로웠다. 사려 깊 은 사범은 묵묵히 나를 지켜보며 동작이 유연하다, 호흡을 잘 한다는 등 격려로 흔들리는 내 마음을 잡아주었다. 그를 중심으로 회원들 대부분은 천주교인들이었고 지역공동체 활동에 열성이었다. 나 역시 그들의 종교 활동에 거부감은 전혀 없었고 오히려 부러웠다. 대승의 보살도가 저러한데 나는 스스로 '모태붓다'라고 떠들면서 왜 소승적으로만 살아왔던가, 하는 반성도 했다.

때문에 그들이 나의 도움을 필요로 할 때면 기꺼이 종교의 벽을 허물고 도와주었다. 함께 팥죽봉사도 하고, 공소公所(본당보다 작은 천주교회 단위)에 행사가 있을 때에는 도우미 역힐도 마다하시 않았다. 이런 활동 가운데 나를 설레게 한 사건(?)이 있었다. 국선도 수련 중 한 달에 한 번은 모두가 108배를 했다. 그들 역시 종교에 편견은 없었고 묵상이나 참선을 똑같은 기도로 인정하고, 절은 마음을 비우는 수행으로 여겼다. 이 날은 내가 우쭐해진다. 절에서 하는 108참회문 대신 〈생명의 소리- 나를 닦는 108배〉 CD 음률에 맞춰 절을 한다. 30여 분 넘게 절을 하고 나면 모두의 얼굴은 볼그스름한 연꽃잎이다.

끝나고는 편하게 앉아서 불교에 대해 궁금한 점을 얘기한다. 자연스레 대화의 중심은 나에게로 쏠린다. 나는 겨자씨만 한 교리로 그들을 쉽게 이해시키려고 애를 쓴다. 대학 1학년 때 일주일간 송광사 수련대회에서 구산 스님께서 설하신 7바라밀의 감동을 전했다. 스님께서는 육바라밀을 하루에 한 가지씩 말씀하시고 마지막 날에는 만행萬行으로 회향을 하셨다. 그리고는 우리에게 당부하셨다. '이제부터 너희들은 월요일이라는 말 대신 보시일, 화요일 지계일, 수요일에는… 마지막 일요일에는 육바라밀 모두를 실천하는 만행일로 삼고 나아가라"고. 풋풋했던 그 시절 스님의 법문은 불법의 망망한 바다를 향해 닻을 올리는 계기였었다.

108배를 끝낸 천주교인들에게 아마추어 법사의 7바라밀 법문이 감로수였는지, 모두가 고개를 끄덕였다. 그러면서 그들도 신부님이 오셔서 미사를 집전할 때 꼭 말씀을 드리자고 했다. 어떤 명칭으로 일주일이 명명될지 궁금하다.

작년 2월이었다. 면에 유일하게 있는 초등학교 홈페이지에 '방과 후 코디네이터'를 구한다는 공고가 떴다. 어르신 나이지만 학교 근무 경력을 인정받아 단번에 채용됐다. 일주일에 14시간 근무를 하고, 최저시급보다 후한 대우를 받는다. 도서관에서 학생들에게 책 대출, 반납을 해주는 일이 주요 업무이다. 한 해 동안 틈틈이 읽은 책이 35권이니 이보다 더 좋은 직장이 금생에는 없었던 거 같다. 올해도 재계약이 되었다.

이제 남편의 빈자리는 부처님의 후광으로 가득하다. 인연 다하여 간 사람이 우주법계에 충만하여 나를 보위한다고 믿는다. 이 믿음을 뿌리로 소승적인 삶에서 대승의 보살도를 실천하는 날들로 나아가리라고 내심 다짐한다. 국선도 회원들에게 재미있는 불교 설화도 매달 한 편씩 들려주면서, 그들의 교리에서 부처님 말씀도 찾아내야지. 만법은 하나로 통하니까.

　만개한 앵두꽃잎이 바람에 휘날리며 흩어진다. 산골의 봄날은 느릿느릿, 평화롭게 흘러가고 있다.

발가락까지 닮았네

지민 박돈우

"우리 딸, 아빠랑 발가락까지 닮았네!"

"어? 정말 그러네, 아빠 딸이니까 그렇지. 헤헤헤."

행복이 때론 비수처럼 꽂히기도 한다. 딸아이 또래와 같은 아이들을 보면 더욱 그렇다. 딸과 도란도란 나눴던 추억이 파도처럼 덮친다. 딸아이와 행복했던 시간들이 바늘처럼 가슴을 찌른다.

슬픔은 한꺼번에 찾아왔다. 한여름, 시야를 순식간에 가리는 폭우처럼 갑작스러웠다. 의사의 입에서 나오는 단어 하나하나가 거센 빗줄기 같았다.

"의사의 한계를 느끼고 이런 말을 할 때가 가장 힘듭니다. 최선을 다했습니다만…"

말끝을 흐리는 의사의 입을 뚫어져라 쳐다봤다. 뭔가 다른 희망적인 말을 해줄 거라 믿고 싶었다. 아니, 아득해지는 정신을 부여잡느라 의사의 말을 제대로 듣기 어려웠던 것 같다.

"마음의 준비를 하는 게 좋겠습니다."

중학교 졸업을 앞둔 12월 초였다. 딸아이는 급성골수성 백혈병이란 진단을 받았다. 1년 6개월 동안 절망과 희망이 교차했다. 무균실 병동으로 입원과 퇴원을 반복하며 어린 나이에 힘겨운 투병생활을 버텼던 딸아이였다. 그런 딸아이가, 봄이 무르익는 오후에 지는 벚꽃처럼 혼자 긴 여행을 떠났다.

딸은 내게 살아갈 희망과 의미였다. 빛이었으며 내 분신이었다는 사실을 딸의 빈자리가 말해주고 있다. 아무것도 해주지 못한 후회와 자책이 나를 괴롭혔다. 삶은 그저 성가신 너무나 고통스러운 의미 없는 무엇이었다. 포기하고 싶었다. 삶의 의지는 물론 마음이 모래처럼 흩어졌다. 견디기 힘든 슬픔과 그리움의 시간이 계속됐고, 몸도 지쳐 체력은 갈수록 바닥이 났다. 조금만 빨리 걸어도 몇 발자국에 숨이 턱까지 차올랐다.

어느 날 문득, 좀 더 체력이 떨어지면 부처님께 절도 할 수 없겠구나 싶었다. 틈틈이 혼자 해오던 3,000배가 생각났다. 하지만 바닥난 체력으로는 혼자 3,000배를 할 엄두가 나지 않았다. 부처님께 마지막일지도 모를 3,000배를 올리고 싶었다. 마지막일지도 모를.

무작정 누군가와 절을 같이 할 수 있는 곳을 찾았다. 성철 스님 가르침을 따르고 실천하는 아비라 카페를 알게 되었다. 매월 셋째 토요일 저녁부터 다음날 새벽예불 전까지 3,000배를 하는 포항과 대구 도반의 도움으로 해인사 백련암과 인연을 맺었다. 백련암을 둘러보고 지심귀명례를 따라하며 절을 하던 날, 관음전을 가득 채운 분들의 뜨거운 신심과 열정이 내 지친 마음과 몸을 움직였는지도 모르겠다. 포기하지 않고 3,000배를 마친 후 법명과 화두를 받았다. 법명을 주신 스님께 "스님! 마음을 비워야 합니까?" 물었을 때 선문답처럼 "예, 너무 늦게 왔습니다" 하시던 말씀이 그날 새벽, 서늘한 바람처럼 기억난다.

꾸준히 3,000배에 참가했지만 끝날 때마다 너무 허전했다. 계속되는 알 수 없는 허전함과 그 허전함의 원인을 풀지 못해 답답했다. 법보신문 기사에 실린 봉암사 스님이 순례단에게 했던 소참법문에 답이 있었다. 아니, 백련암 첫 3,000배 회향 후 받은 법명과 문답에 이미 그 해답이 있었지만 알지 못했던 것 같다.

"법당에서 소원을 비는 기도는 초급입니다. 부처님께 중생 제도 그만두시라고 말씀 드려야 합니다. 당신을 대신해 자신이 깨달음 성취해 중생을 제도 하겠노라 서원하는 것이 기도입니다."

3,000배와 소참법문은 그렇게 쓰러진 나를 다시 일으켜 세웠다. 어찌된 영문일까. 불교대학과 포교사 입문은 어느 날 우연처럼 찾아왔다. 하루하루 직장생활로 바쁘게 보내던 날로 기억한다. 죽림사 앞을 지나다 포항 불교대학 신입생을 모집하는 공고를 보았다. 보자마자 바로 접수하고 그해 2012년 봄에 입학을 했다. 대흥사에서 일요법문으로 불교 전반에 대한 교리를 들었으나 되새기지 못하고 듣고 돌아서면 잊어버리는 일을 반복하고 있던 시기였다. 이전에 죽림

사 자성 스님께 수계를 받은 인연이 있었으나 공부 인연으로 이어
가지 못했었다. 그래서 이번에는 아예 정식으로 공부를 해보자는
생각으로 등록한 것이었다. 하지만 막상 교리는 막연했고 강의가 끝
나면 다시 책을 펴지 않는 날이 많았다.

불교대학을 졸업하면 끊어질 공부가 걱정이 됐다. 포교사를 발심
한 이유도 부처님 가르침을 끊임없이 배우기 위해서였다. 늦었지만
포교사 시험 대비반에 합류했다. 딸아이를 먼저 보낸 텅 빈 마음에
부처님이 걸어 들어오길 기대했는지도 모른다. 불교대학 2년을 포함
해 10년은 더 공부하고, 특히 초기경전 모두를 깊이 있게 읽어 보겠
다는 목표도 세웠다. 포교사를 시작하면서는 전문포교사가 되기 위
한 공부를, 전문포교사 품수를 받은 해에는 많은 고민 끝에 동국대
불교대학원에 입학했다. 아무리 어렵고 힘들더라도 부처님 공부라
면 부처님께서 반드시 도와주신다는 어느 학인스님 말씀이 큰 힘이
됐다.

스님 외에도 내게 힘이 되는 인연들이 있다. 특히 죽림사에서 만
난 주련이 뇌리에 강하게 남아 있다. 글귀의 반만이라도 실천하고
살았더라면 하는 생각을 지울 수 없다.

"성 안 내는 그 얼굴이 진정한 공양구요 부드러운 말 한마디 미묘
한 향이로다. 전생을 알고 싶은가 금생에 살고 있는 이 모습이요 내
생을 알고 싶은가 금생에 하고 있는 그 모습이니라."

아무튼 여러 인연으로 불연이 꽃을 피우고 열매를 맺으면서 포교

사 품수를 받고, 군포교팀에 배정돼 1주일에 두 번씩 전법을 시작했다. 장병들에게 할 설법을 적당한 분량으로 시청각 자료를 만들었고, 눈빛을 반짝이며 듣거나 관심을 보이는 장병이 있으면 절로 힘이 났다. 최선을 다해 열정을 쏟았고, 법회에 사용하는 법회집을 책자로 만들어 모든 의식을 한글로 바꾼 일은 큰 보람이었다.

지금은 염불포교 황련팀에서 활동 중이다. 장엄염불 외에도 매월 넷째 주 일요일 자빌직으로 봉사활동에 참여하고 있다. 80여 명의 어르신들이 머무는 노인요양시설 정애원을 찾는 것이다. 정애원 강당으로 향하면서 낯익은 어르신들에게 고개 숙여 인사 드리면 대부분 말 대신 손을 흔들거나 저녁노을 같은 잔잔한 미소를 보내신다. 반갑다며 내미는 두 손을 잡으면 낮은 온기와 함께 사람을 향한 그리움을 함께 느낀다. '난, 아빠로서 딸아이에게 온기를 전했던가.'
어르신들과 주변 모든 이들이 병 없이 건강하고 행복하게 지내시길 기원하는 법회를 연다. 노래자랑, 웃음치료, 윷놀이, 백중 음식공양, 기저귀 후원 등 여러 활동에 모두 동참하고 있다. 황련팀과 정애원이 봉사로 인연을 맺은 지도 15년이 넘었다. 크고 작은 장애와 노쇠해지는 몸과 마음은 머잖아 미래 내 모습일 수 있다. 순간을 살지만 영원히 사는 것처럼 욕심내며 사는 현재를 경책하고 있다. 생전예수재 하듯 어르신들 뵙는 날이기도 하다.
어째서일까. 이것도 인연일까. 사진으로 망자의 모습을 처음 대하고 마지막 가시는 마음을 위로하고 보내드리는 염불봉사도 하고 있다. 살아서 이별도 아픈데 가족이나 그 모든 것들과 영원한 이별을 해야 하는 마음을 헤아리기란 쉽지 않다. 그래서일까, 때론 염불이 자연스럽고 때론 간간히 막히고 땀에 젖기도 한다. 염불봉사를 할 때 단순히 경전을 읽는데 그친다면 듣기만 괜찮은 염불에 지나지 않는다. 경전의 뜻을 마음으로 되새겨 듣는 이들이 제불보살님의 감응과 가피를 받을 수 있도록 정성을 다하려 노력하고 있다. 염불봉사를 좀 더 여법하게 하고자 팀에서는 전통방식을 따른 아미타번과 인로왕번을 구입했다. 영단 좌우에 설치해 영단을 장엄했고, 불보살님을 모시고 의식을 진행하면서 의례의 참뜻을 되새기고 있다.

자기를 속이지 않고 자기를 바로 보는 포교사 생활을 하고 싶다. 나는 한 사람의 남편이자 딸을 먼저 보낸 아빠이다. 그리고 나는 부처님의 제자이다. 밝음이 오는 새벽, 향을 사르고 좌복을 편다. 부처님 발가락이라도 닮아가려고 한다. 아빠와 딸아이의 발가락이 닮은 것처럼.

功

지혜로운 사람은

자신을 이겨낸 사람이라 했으니

항상 자신을 이겨내기 위해

세 가지 지혜를 닦아야 한다

탐욕과 성냄, 어리석음

삼독을 씻는 것이 그것이다

내 삶이 온통 가피이어라

연화심 정이정

4월 봄날 나뭇가지에 꽃망울이 몽실몽실 벚꽃과 개나리 진달래가 여기저기서 피어 온 세상이 꽃들의 향연이다. 꽃공양 8년째, 1년을 쉬고 나니까 죄송스러워 비누꽃을 꽃바구니로 만들어서 전각마다 올렸다. 그리고 인연 있는 절마다 부처님 전에 올렸다. 작년 8재계 때는 논산 호국연무사 부처님전에 꽃바구니 2개를 올렸다. 어디를 갈 때마다 차를 끓여서 여기저기 봉사를 다닌다. 승가원 8년차, 김밥과 만두를 빚고, 잡다한 일들을 도반들과 소풍가는 마음으로 한다. 한때는 차안에서 찬불가 따라 부르기를 했다.

지금도 그때가 가끔 생각난다고 영철화 보살님은 운동할 때 핸드폰에 틀고 다니면서 듣고 계신단다. 지나가는 사람이 교회 노래냐고 물어봐서 "아니요, 찬불가예요" 하면 "절에 찬불가도 있네요" 한단다. 그때 그런 열정이 어디서 나왔는지 지금 생각해도 웃음이 나온다.

포교사 12기 사회복지 전문위원, 부처님의 딸로서 살아간다. 법무병원 치료감호소에서 사회를 보며, 가요와 찬불가를 부르면서 즐거워하는 환우를 볼 때 정말 기분이 좋다. 환우 중에 그룹으로 편지를 써서 전달해줄 때, 보람과 뿌듯함을 느낀다.

충주 구치소에서 사회를 볼 때 지방 가수분이 "여러분 일어나서 노세요" 하는 바람에 나도 덩달아 "나오세요" 했다가 재소자와 교도관이 실랑이가 벌어진 걸 생각하면 지금도 가슴이 콩당콩당 뛴다. 매달 첫째 주 수요일 천안교도소 수용자 200여 명 앞에서 찬불가 부르기와 함께 가요 부르기를 한다. 첫째 주 목요일 경기도 이천 승가원 봉사, 둘째 주 월요일 남천안 노인요양원 봉사, 둘째 주 목요일 은빛복지관 배식 봉사, 둘째 주 금요일 천안교도소 자매 상담, 셋째 주 화요일 행복키움 도시락 반찬 만들기, 셋째 주 수요일 대전소년원 집단 멘토링, 넷째주 월요일 불당동 새마을 부녀회장을 맡아서 회의와 봉사, 넷째 주 목요일 법무병원 치료감호소 사회, 짜장면 1,600그릇 만들기 참여… 내 생애 최고로 바쁜 해인 것 같다.

재작년에는 〈불자답게 삽시다〉 캠페인으로 전국 교도소를 돌았고, 작년 4월에 제주도 교도소에서 회향을 했다. 이 모든 것들이 부처님의 가피가 아니면 할 수 없는 일이다 싶다. 지금은 명상공부와 법화경 사경을 하고 있다.

부산을 떠나온 지 벌써 24년째다. 청주가 제2의 고향이다. 내 딸 유진이가 태어난 곳, 분평동 럭키아파트. 샛별이는 가끔 내가 생각난다고 했다. 아이들 발자국소리가 날 때마다 살아있음에 감사드린다. 사람마다 살아가는 모습이 다 다르다. 사람이 그립다.

　업이 얼마나 중요한지 사람들은 모른다. 생각이 모여서 행동이 되고, 행동이 모여서 실천이 나오는데, 늘 좋은 생각, 바른 행동이 내 삶을 결정짓는 것 같다. 나도 모르게 말 한마디, 행동 하나가 상대방에게 상처가 되었다면 깊이 반성하고 참회할 일이다.

　아이 없이 산 삶이 얼마나 큰 고통이었는지, 지금 생각해도 아찔하다. 이혼 서류까지 적고, 지금은 고인이 되신 어머님, 그리고 언니 둘과 싸웠다. 사네, 안 사네 하며 힘들게 한 시간들을 지금 돌이켜보면 감사의 마음이 생긴다. 남편하고 정이 없었다면 어떻게 됐을까? 한번 더 고진감래의 의미를 되새긴다.

　부산에 살 때 기장 철마 보림사에 다녔다. 지장재일 때 희랑대 보광 큰스님께서 법문을 해주셨다. 스님의 법문이 내 머리에, 가슴에 비수처럼 꽂혔다. 중학교 때 절에 갔는데, 부처님 진리가 늘 가슴에 와 닿았지만 불교를 제대로 배우지는 못했다. 고등학교 2학년 때에는 스님이 되고 싶었다. 부처님처럼 살고 싶었다. 자비희사, 동체대비 사상과 평등사상이 마냥 좋았다. 아이 없이 살면서 부초 같은 인생이었다.

　시어머니 권유로 법화정사 스님을 친견했다. 새벽기도를 해보라고 했다. 80여 일쯤 상에 정안수를 떠서 동쪽에 계신 부처님께 절을 하고 서쪽으로 몸을 돌리려는데 하얀 까마귀가 머리 위에서 하늘 높이 날아 올라갔다. 새벽 동이 틀 때 주황빛이 되어서 조그맣게 될 때까지 똑바로 하늘 높이 날아가는 것을 쳐다보고 있었다. 서른 둘 나이에 굿당에서 새벽 4시까지 굿도 하고 별것 다 경험했다. 슬프고, 힘들고, 지푸라기라도 잡고 싶은 심정이었다.

보림사 공양주 보살님께서 또 새벽기도를 해보자고 했다. 정초기도 3일 동안 새벽 4시에 1,000배를 정확히 두 시간씩 하고 일주일 기도 때 5,000배를 했다. 점을 보는 보살님이 하루는 아무 말도 하지 말고 집까지 가라고 했다. 택시 기사에게 국제백양 아파트에 가자고 글을 적어 보였다. 기사님이 말을 못하느냐고 애처로운 눈길로 바라보았다. 그 힘든 시간들 속에서 나를 내려놓아야만 살 수 있다는 사실을 나중에야 알았다. 살아야 할지, 죽어야 할지 고민하며 힘들어 할 때, 도반과 범어사에서 전 포교원장 혜총 큰스님을 만나게 되었다. 스님은 5,000피트 상공에서 바늘을 떨어뜨려서 겨자씨하고 만나는 게 부부 인연이라고 하셨다. 부드러운 게 이기는 거라고, 겨울에 소나무를 꺾는 게 소리 없이 내리는 하얀 눈이라고 하셨다. 그래도 혼자 사는 것보다는 부부가 같이 사는 게 위로가 되지 않느냐고 하셨다. 자살하고 싶을 정도로 힘들었던 그때, 스님께 진심으로 감사드린다.

범어사에서 울면서 기도를 했다. "부처님! 제가 무슨 죄를 지었는지 모르겠습니다. 아는 것도, 모르는 것도 그 모든 것을 참회합니다." 그때 세상은 온통 회색빛이었다.

세월은 쉴 새 없이 빠르다. 태어나면 누구나 죽음을 맞이한다. 죽을 때까지 우리는 얼마나 정확하게 계획을 세워서 살아야 하는지 모른다. 그래도 맞지 않는 게 인생살이 아닌가. 사바세계는 내 마음대로 안 되는 세상이고 기도는 가장 절실할 때 이루어지는 게 아닌가 생각한다.

단양 구인사로 향했다. 올케언니 권유로 구인사에서 4박 5일 기도를 하기로 했다. 평소 관심 없던 남편이 직접 바래다줬다. 죽어라고 관세음보살님을 염했다. 병원 가면 별 이상도 없는데, 아이는 생기지 않았다. 궁합이 맞지 않아서였을까. 그 추운 겨울에 찬물로 목욕을 3일 동안 했다. 죽기 아니면 까무러치기였다. 처음에는 둘째 올케언니와, 3일째는 막내올케언니와 기도를 했다. 사람이 빼곡하게 들어서 차가운 법당 밖에서 기도하는 사람들이 많았다. 눈이 하얗게 내려 뼈 속까지 한기가 스며드는데도 아랑곳하지 않고 기도했다.

막내 올케언니가 스님께 상의 한번 해보자고 했다. 월도 스님은 자식 인연을 짓지 않았기 때문이라고 말씀하시며 잠깐 기다리라 하셨다. 냉장고를 열어 봉투에 무엇인가를 담아 가져오셨다. 집에 와서 풀어보니 곶감 3개, 대추 3개, 밤 3개였다. 이것을 먹으면 아이를 가질 것 같았다. 그만큼 간절했다. 남편에게 하나씩 주고 나머지는 정성껏 먹었다. 지금 생각해봐도 몸서리치는 순간이다.

부산에서 올라올 때 영도 미룡사 주지 정각 스님께서 합창단을 하라고 하셨다. 이사 때문에 못한다고 했는데, 청주에 와서 좋은 아이 얻으려고 기도하는 도중에 또 합창단을 하라는 이야기가 있었다. 시험관 시술을 하고 아이가 떨어질까 봐 모든 게 조심스러웠다. 시험관 시도 한 번 만에 어여쁜 공주님이 생겼다. 세상을 다 가진 기분이었다. 9년 만에 아이를 낳은 것이다. 그렇게 아이를 낳고 사는데, 어느 날 위가 이상하다는 판정을 받았다. 암 초기라고 했다. 기쁨 뒤에 슬픔이 이런 것일까. 하늘이 내려앉는 느낌이 들었다. 그동안 마음고생했던 것이 독이 되어 돌아왔던 것일까. 이것도 운명이라고 받아들여야 하나. 왜 나에게 이런 일이 일어나는 것일까. 믿기지 않았고 믿고 싶지도 않았다. 정말 억울했다.

다행히 수술은 성공적으로 끝났다. 난 다시 태어났다. 각원사 합창단에 들어가 8년 동안 음성공양을 했다. 지금은 전문포교사가 되어 봉사하며 살고 있다. 모든 게 나눔을 위한 작은 발원이다. 죽음의 순간에 이르렀을 때 웃을 수 있으면 좋겠다. 그래서 늘 얼굴에 미소를 놓치지 않는다. 부드러운 말과 환한 얼굴이 바로 부처님 모습이 아닐까. 아무리 많이 배웠어도 실천하지 않으면 소용이 없을 것이다. 석사 위에 박사, 박사 위에 밥사, 밥사 위에 봉사라는 말도 있다. 베풀며 살자는 이야기를 하고 싶다. 이 세상은 다음 생을 위해 잠시 머무는 곳이라는 이야기도 하고 싶다. 욕심내지 않고, 착하게 살다 가야 한다고….

임신을 하고, 암을 극복했으며 남편이 승진을 하고, 아이가 대학에 진학한 모든 것이 부처님 가피가 아니었다면 불가능했을 것이다. 봉사를 하면 진정으로 행복하다. 몸도 건강할 때 지키라고 하지만, 무엇보다 몸을 잘 사용하는 게 우선이다. 웃으면 얼굴상도 변한다. 좋은 운은 내가 만들어가는 것이다. 내 인생의 주인공은 바로 나이기 때문이다. 진정 착하게 살면 부처님께서 복을 주신다고 믿는다. 대보살이 되겠다는 발원으로 언젠가 명상센터를 지어 3층은 법당, 2층은 개인 방, 1층은 식당을 해 많은 분들이 방문하게 만들고 싶다. 그래서 불국정토를 만드는 데 앞장서고 싶다.

나와 남이 둘이 아니라고 하신 부처님 말씀을 깊이 생각하며, 늘 깨어있기를 기원한다. 아름다운 동행! 자원봉사 시간이 700시간이 넘는 나! 참 행복한 사람이다. 법무병원에서 사회를 보고, 환우들이 정말 노래를 잘 부를 때 안타까운 생각이 들었다. 왜 여기에 와 있는지 의문이 든다. 내가 교도소까지 와서 봉사를 할 줄은 몰랐다. 가끔은 눈물과 가슴에서 올라오는 분노로 노래를 부를 때, 가슴이 아프다. 지난겨울에는 환우들이 잘 있는지, 감기는 안 들었는지 걱정도 된다. 어느새 그분들 걱정까지 하고 있다.

자매 맺은 출소자와 찬불가를 지도하고, 재범을 막기 위해 가요와 노래를 함께 부르며, 작년 여름에는 '참나를 찾아 떠나는 명상'시간에 지도자가 되어 아이들과 함께한 시간들이 오래도록 기억에 남는다. 친구 유경이가 욱재와 엄마 아들이 되어 전화하는 모습에서 환경이 얼마나 소중한지 너무나 잘 알게 되었다.

재작년 겨울 '참나를 찾아 떠나는 겨울여행!' 시간은 출소한 자매의 자녀들이 함께 노래도 부르고 의미 있는 시간들이었다. '얼마나 닦아야 거울마음 닮을까'를 얼마나 열심히 불렀는지 귓전에 오래도록 맴돌았다. 그날은 내 생일이기도 해서 80명의 축하를 받은 기억을 평생 못 잊을 것 같다. 대전의 도반들과 천안의 도반들이 진정 날개 없는 천사들이 분명하다. 〈불자답게 삽시다〉 캠페인을 할 때 청송교도소에서 발원문을 낭독하면서 떨리고 겁도 났다. 이분들이 다시는 여기 오지 않기를 기원하며, 지장보살님께 편안하기를 기원해본다. 일체중생이 모두 성불하고 행복하길 발원한다.

잠들기 전, 감사의 명상을 한다. 관세음보살 주력을 24년째하고 있다. 이 세상 마지막 숨 쉴 때까지 늘 좋은 생각, 좋은 마음으로 부처님을 닮아가고자 노력한다. 어떤 일이 닥쳐와도 긍정적인 생각이고자 한다. 남을 위한 기도가 나를 위한 기도이고, 사바세계를 무대로 멋지게 살다가야 하기에 오늘도 감사의 기도를 올린다. 사람들은 행복하기 위해 노력하지만 우린 이미 행복한 사람이다. 아름다운 동행을 위해, 행복한 삶을 위해, 멋진 회향을 위해. 예쁜 미소가 어울리는 사람이 되고자 노력하는 나, 시간의 소중함을 아는 나, 걸어다닐 수 있을 때 좋은 일을 많이 해야 한다고 생각하는 나! 난, 참 행복한 사람이다. 부처님 사랑합니다.

불교방송 사장상

반야심경으로 다시 태어나다

상운 허평욱

일요일 오전 9시. 육군 제3탄약창 호국창수사 법당 명종 소리를 시작으로 삼귀의와 오분향례, 헌향진언을 집전하던 목탁 소리의 여운이 가실 즈음, 100여 장병들의 입에서 피어오르는 하얀 입김과 함께 폭발음처럼 터져 나오는 지심귀명례 예불문 소리에 법당의 창문이 떨린다. 장병들의 힘찬 독경 소리에 집전포교사의 목탁 소리는 여름날 모기 소리만큼이나 왜소하다. 보현행원과 사홍서원, 산회가를 부른 후 부처님께 삼배를 올리는 것으로 법회는 마무리된다. 100여 장병들이 하나가 되어 삼배를 올리는 모습은 그 자체로 장엄할 뿐 아니라 무릎과 마룻바닥 닿는 소리가 마치 천둥소리에 비견될 만큼 우렁차다.

중대별로 법당 마룻바닥에 앉아 간식공양을 먹는 모습을 볼 때마다 넉넉히 챙겨주지 못한 것 같아 그저 미안할 뿐이다. 불단을 향해 두 손 모으고 불법에 싹을 틔울 씨종자인 장병들과 부대 내 모든 근무자들이 무탈하게 군복무를 마치고 귀가할 수 있도록 성심으로 기도하는 것으로 미안한 마음을 대신해본다. 그리고 이 선연이 끊이지 않고 이어져 부처님의 법제자답게 흔들림 없이 살아가기를 기원한다.

불교 인연은 신심 장한 어머니에서 비롯됐다. 절 마당을 밟기 시작한 것이 내 나이 여섯 살 때다. 그때는 논밭을 지나 산길로 두 시간 정도 걸어 다녔다. 절로 향하는 길, 어머니는 "어린 너라도 데리고 다니니 적적하진 않다"고 했다. 지천으로 널린 논밭일 때문에 새벽에 갔다 오전 중 돌아와야 했다. 어머니는 새벽 어스름이면 자루에 쌀 두 되 정도 넣었다. 어린 아들에게 쌀을 지우며 부지깽이만한 지팡이를 손에 쥐어줬다. 절에서 사탕을 주면 주머니에 넣어 집에 와서 동생과 나눠 먹었다며 어린 아들을 대견해 했다.

어느 해 겨울, 절에 거의 도달했는데 응달진 모퉁이 길이 얼음으로 뒤덮여 더 이상 나아갈 수가 없었다. 어머니는 버선을 벗으시곤 내게도 양말과 신을 벗도록 했다. 그리고 당신이 들고 잡을 수 있는 것은 모두 잡아가면서 옆으로 기어 절로 향했다. 그만큼 부처님을 향한 어머니의 신심은 어린 나의 눈에도 대단해 보였다.

열한 살이 되니 어머니는 절에 갈 형편이 못됐다. 쌀 한 말과 양초, 향, 과일 등을 한 보따리 싸서 지게에 올려줬다. "절에 가서 할아버지스님 드리고 오너라." 어머니 손을 잡고 걸었던 길을 손아래 여동생 손을 잡고 걸었다. 어머니는 산길에 들어서면 관세음보살 노래를 부르라고 했다. 그러면 짐승들이 도망가고, 무서움도 사라진다고 했다. 한 번은 너구리 두 마리를 보고 늑대라며 호들갑 떠는 여동생을 뒤로 세우고 목청껏 관세음보살을 부르기도 했다. 군대에서도 불연이 계속됐다. 부대에는 교회만 있고 법당이 없었다. 교회서 생활하는 스님의 인솔로 거의 한 시간 거리의 부대 밖 절에서 하는 법회에 갔다. 흰쌀밥과 떡, 그리고 멀었던 거리 외엔 기억이 없다. 지금까지 쓰는 법명 '상운'이 군복무 시절 새긴 불연이다.

나름 얼심히 살았다. 부푼 꿈과 살아갈 목표를 세우려고 했는데…. 제대 후, 삶은 나락으로 곤두박질쳤다. 아버지는 말기 위암이었다. 시한부 삶을 살았다. 계획 중이던 모든 일을 접었다. 서둘러 결혼했다. 110일 정도, 아버지는 며느리의 밥상을 받고 세연을 끊었다. 왜 그랬을까. 종교란에 불교를 적었다. 무작정 앞만 보고 생을 살았다. 하늘의 명을 안다는 지천명, 그 나이를 한 해 앞둔 49세 그해 가을 어머니도 급성폐렴으로 눈을 감았다. 그리움이 엄습했다. 삶의 의욕을 상실했고, 무기력증에 빠졌다. 가내공업 수준의 사업 관리에 신경 쓸 상황이 아니었다. 잘못된 보증으로 연쇄부도를 맞았다. 노후대책으로 준비하던 원룸 건물과 유산으로 받은 부동산까지 몽땅 털어 넣었다.

자괴감과 자책감에 시달렸다. 실의에 빠져 6~7년 술로 보냈다. 몸에 각종 성인병이 기생했다. 58세에 심장 혈관에 이상이 생겨 조형술을 받았다. 59세엔 당뇨성망막병증으로 오른쪽 눈을 수술했지만 석 달마다 재발해 추가 시술을 받아야만 했다. 1년이 지나니 왼쪽 눈은 실명에 이르렀다. 오른쪽 눈마저 변변치 않아 운전을 할 수 없게 됐다. 돋보기에 의지하지 않고는 글도 제대로 읽을 수가 없다.

조금씩 몸뚱이는 망가져갔다. 앞으로 얼마나 더 망가질까. 정신까지 피폐해졌다. 만일사 관세음보살을 찾아갔다. 물 한 컵 들고 툇마루에 앉으니 방문이 열렸다. 스님이 안으로 들어오라 청했다. 그리고 차를 따랐다. 찬찬히 사연을 듣던 스님이 흘러가버린 강물과 같다고 했다. 돈이란 더울 때 땀을 식혀준 바람일 뿐이라고 했다. 2011년 1월 1일, 만일사 부처님과 그 스님에게 세배를 올렸다. "스님, 반야심경과 천수경을 알려주십시오."

스님이 준 책 한 권을 펴보니 반야심경과 천수경이 수록돼 있었다. 다음날부터 A4용지에 옮겨 적었다. 걸을 때나 버스 안에서 이동 중일 때나 서 있을 때나 외우기 시작했다. 어머니가 생전에 "애비도 이제 반야심경하고 천수경 배워야지" 했던 말씀을 잊을 수 없었다.

흐르는 눈물을 주체할 수 없었다. 부처님오신날 법회가 끝났다. 어머니와 친분 있던 보살이 어깨를 토닥여줬다. "산소에 가봐야겠어요. 떡과 과일 좀 얻을 수 있을까요?" 불단에서 내려오는 떡과 과일을 봉분 앞에 차렸다. 막걸리도 두어 잔 따랐다.

"어머니, 아버지. 오늘이 부처님오신날입니다. 두 분이 좋아하시는 음식을 가져왔어요. 어머니가 배워보라던 반야심경과 천수경을 다 외웠습니다. 들려 드릴 테니 이승에 미련은 다 버리세요."

무릎 꿇고 앉아 반야심경과 천수경을 암송했다. 흘러내리는 눈물과 콧물이 바지를 적셨다. 하지만 홀가분했다. 해질녘 산을 내려왔다.

이때부터 반야심경 뜻풀이에 매달렸다. 옥편을 펴놓고 한 자 한 자 뜻을 풀었다. 문장으로 연결이 안 됐다. 어느 스님의 해설서 등을 사서 읽어도 갈증만 면하는 정도였고 개운하지 않았다. 눈에 넣어 마음에 새기겠노라 다짐했다. 2011년 12월 24일, 그때부터 사경을 시작했다. 달력 뒷장에 사인펜으로 100원 동전 크기로 글자를 썼다. 눈이 변변치 않아 돋보기를 왼손에 들고 오른손으로 썼다. 각원사 불교대학에 입학한 뒤부터는 새벽 3~5시 기도가 좋다고 해서 새벽 2시 30분에 일어나 사경했다. 발원문과 축원문을 작성하고 5시에 새벽예불을 올렸다. 불교대학에서 교리를 배우고 나니 절에 가면 재미있었다. 불자로서 자부심도 생겼다. 불자다운 불자가 됐다는 환희심이 가득했다. 늦지 않게 부처님 가르침을 배웠다면 번 돈도 의미 있게 회향하고 건강 역시 잃지 않았을 터이다.

매주 목요일 오전에는 불교대학에서 강의를 듣고 오후엔 독거어르신 급식봉사에 참여했다. 부처님 법을 배우는 일로 즐거운 나날이었다. 한번은 송림사와 미륵사지 순례를 마치고 논산 신병훈련소 호국연무사를 찾았다. 스님의 강의가 인상적이었다. 기회가 주어진다면 군법당에서 부처님 법을 전해주는 봉사자가 되리라 마음을 굳혔다. 불교대학 선배이자 도반에게 포교사고시 소식과 응시해보라는 권유를 받았다. 70일 동안 모든 신경을 포교사고시에 쏟아 부었다. 비로소 합격통지를 받았다. 연수 겸 봉사활동으로 3개월 동안 육군 제3탄약창 호국창수사 법회에 매주 참석해 법당 출입문 앞에서 합장하고 "어서오세요" "감사합니다" 하고 법당에 입실하는 장병들을 맞이했다. 그때 익힌 인사법이 나만의 인사법이 됐다. 면접을 거쳐 포교사 품수를 받은 뒤 포교사복을 입었다. 그 사진이 붙은 출입증을 목에 걸고 매주 일요일 위병소를 지나 호국창수사에 들어선다. 내 인사법을 적극 활용하면서. "탈모하시고 발 모으시고 합장하시고 반배하세요." 좌복에 앉기 전 삼배 올리는 장병을 볼 땐 보람을 느낀다.

현재 대전충남지역단 동부 군포교 2팀이다. 총무소임을 맡고 있다. 금요일마다 군종병에게 연락해서 일요일 법회 참석 인원을 파악하고 피자, 햄버거, 샌드위치 등 간식을 주문한다. 토요일이면 강사와 법문을 할 스님의 참석 여부를 재차 확인한다. 포교사들에게도 문자를 보낸다. 태고종 도광사 도공 스님이 오면 장교식당을 빌려 짜장면이나 떡볶이를 조리한 뒤 장병들에게 제공한다. 이때는 포교사 내외가 모두 동참해 조리를 도와주기도 한다.

기억에 남는 일은 불교, 가톨릭, 개신교 등 3개 종교와 상관없이 합동 간식을 먹는 날을 만들기도 했다. 봄과 가을 떡볶이를 3,500

인분씩 만들기도 했다. 걷는 길이 다를 뿐 종교를 갖는 목적과 목표는 하나라는 것을 장병들에게 알려주기 위한 행사였다. 크리스마스에 아기예수 탄신을 축하한다는 꽃바구니를 교회와 성당에 포교사 일동 명의로 보내는 등 부대 내 종교화합에도 신경 쓰고 있다.

토요일 오후를 이용해 부대 내 모든 장병들이 법당에 모여 영화를 한 편씩 보고 갈 수 있도록 영상물이 있었으면 좋겠다. 꼭 이뤄지리라 믿는다. 불자장병들 간식과 운영비를 후원해주는 천안사암연합회장 일로 스님과 총무 법연 스님, 각원사 불교대학 학장이자 주지인 대원 스님, 창수사 지도법사인 혜남 스님, 성월사 주지 고우 스님, 도광사 주지 도공 스님에게 감사하다. 보은에 답하는 길은 게으름 없이 정진하는 것뿐이다.

비교할 수 없는 수승한 부처님 가르침을 만난 인연을 내 인생 최고의 선물이라고 확신한다. 늘 사성제 팔정도를 되새긴다. 시력 저하로 운전을 못하지만 최고 이동수단은 두 다리와 대중교통이다. 만나는 모든 인연들에게 무재칠시 보시행을 하려고 한다. 환한 얼굴과 공손한 언행, 배려하는 마음을 갖고자 노력한다. 번뇌가 일지 않도록 신구의 삼업을 단속해 길들이는 것이다.

연꽃은 진흙 속에 뿌리를 내리고 흙탕물에서도 줄기를 위로 올리며, 물 밖으로는 밝은 꽃을 피운다. 사람도 다르지 않다. 밝고 맑은 마음을 낼 수 있다. 오로지 부처님 가르침을 배우고 익혀 실천에 옮겨야만 가능하다. 비구 아사지를 닮고 싶다. 브라만 가문 출신 사리

불의 마음을 정법으로 이끌었고, 결국 사리불은 지혜제일이 됐다.
그런 포교사가 되고 싶다.

정 집사 참불자 되다

원음성 정연주

나 어렸을 적 우리 집안은 친가, 외가가 다 불교였다. 초등학교에 다닐 적에 방학 때 동생과 함께 어린이 불교학교에 가서 공부를 하고, 108배를 하고, 반야심경을 외워 상을 받아왔던 기억이 난다. 음대에 진학을 하면서 나와 친한 친구들이 다 교회를 다니는 모습을 보고 나도 당연히 교회에 가야하는구나 싶어 개종을 하고 주일마다 열심히 교회에 다녔다. 부모님과 떨어져 학교를 다니다가 금요일 저녁에 부모님이 사시는 지방으로 갔다. 한참 입시지도를 하고 있어서 꼭 가지 않으면 안 되었을 때다. 토요일 하루 종일 레슨을 하고 일요일 새벽에 일어나서 교회를 가야 한다며 새벽차를 타고 다시 서울로 올라오곤 했다. 우리 부모님은 그런 나를 보고 왜 교회에 다니냐는 말 한마디도 하지 않고 그냥 묵묵히 절에 다니면서 열심히 기도만 하셨다.

졸업을 하고 부모님 곁으로 내려오게 되면서 자연스럽게 교회는 가지 않게 되고 불교합창단 지도를 하던 엄마를 따라 불교합창단의 반주자가 되었다. 그때만 해도 절에는 반주를 하러 가는 것일 뿐이었지 내가 기도를 열심히 해야 한다는 그런 생각은 하지 못하고 있었다. 그러다가 사랑하는 사람을 만나 결혼을 하면서 그 사람의 손에 이끌려 다시 또 교회에 나가게 되었다. 집안에 목사님이 몇 분이나 계실 정도로 아주 독실한 기독교 집안의 사람이었기에 나도 함께 열심히 다녔다. 이혼을 할 때까지 7년을 사는 동안 새벽기도도 나가고, 봉사활동도 열심히 하고, 교회에서 성가대 반주도 하는 등 교회에서 인정받는 신도였고, 어느 누구보다도 어린 나이에 집사를 받았다.

남편의 폭행으로 턱뼈가 부러져서 죽을 고비를 넘기며 수술을 했다. 그때도 난 하나님을 찾으며 열심히 기도했다. 남편의 외도를 알게 되었을 때도 교회로 달려갔고, 처음 남편에게 폭행을 당했을 때도 교회로 달려가 울면서 기도했다. 결국 큰 어려움을 겪으며 이혼을 하게 되었고, 심한 우울증까지 걸려 다시 부모님 곁으로 돌아왔을 때 엄마는 내 손을 잡고는 절로 데리고 가셨다. 약사여래부처님께서 내 병을 다 나을 수 있게 도와주실 거라고, 열심히 기도해보라는 말과 함께. 이렇게 몇 번 개종에 개종을 거듭하면서 나는 원래 우리 집안의 종교였던 불교로 온전히 다시 돌아올 수 있었다.

현대 사회에서 많은 사람이 앓고 있는 우울증은 의사선생님과 상담치료를 하면서 항우울제를 처방받아 먹어야 한다. 항우울제가 병을 완화시키기는 하지만 오랜 기간 복용을 했을 경우 우리가 흔히 말하는 멍 때리는 상태가 지속되기도 한다. 나는 기도를 시작하면서 과감히 약을 끊었고, 의사선생님과의 상담 치료는 그 당시 관음사의 주지로 계시던 현진 스님께서 대신 해주셨다. 현진 스님과의 인연은 내가 대학을 졸업하고 청주로 내려와 합창단 반주를 하던 20대 때부터 이어져온 터라 큰 부담도, 어려움도 없이 대화를 나누고 상담을 할 수 있었다. 주말이 되면 절에 올라가서 약사여래부처님 앞에 앉아 한참 기도를 하고, 스님이 내려주신 따뜻한 차 한 잔을 마시며 이야기를 했다. 시간이 흐르면서 나는 약을 먹지 않아도 괜찮을 수 있었고, 예전의 밝았던 내 모습으로 차츰 돌아오고 있었다. 절에도 열심히 다니게 되면서 원음성이란 법명으로 수계도 받았고, 용화사에서 하는 충북불교대학에도 들어가 아무것도 몰랐던 불교에 대해서 많은 공부를 할 수 있게 되었다.

팔삭둥이로 태어나서 어릴 적부터 몸이 많이 약했던 나는 면역력이 떨어져서 그런지 다른 사람들보다 자주 아팠다. 또 어느 날부터인지 밤에 잠을 잘 못 자게 되면서 심한 편두통에 시달렸다. 약국에서 약을 사다 먹으면서 버텨보다가 도저히 안 되서 다시 병원을 찾았다. 신경과와 정신건강의학과를 전전하며 치료를 받아봐도 조금 호전되는 듯하다가 다시 또 심해지기를 반복했다. 그러던 어느 날 SNS에서 지장기도에 관한 내용을 보게 되었다. 지장경을 한 번도 접해보지도 않았고, 경전도 가지고 있지 않았으며, 읽어볼 생각은 꿈에도 하지 못했던 나는 다시 스님께 상담을 요청했다.

스님께서는 쌓인 업을 닦아보자고 하며 발원문을 하나 써서 절에 오라고 하셨다. 발원문이란 걸 태어나서 한 번도 써본 적이 없어서 고민고민 하다가 인터넷을 찾아보니 다른 불자님들이 쓰신 발원문들이 많이 있었다. 맘에 드는 몇 개의 발원문을 골라 읽고 또 읽어가며 몇 시간 만에 나의 발원문을 완성했다. 스님께 퇴근하면서 가겠다고 말씀을 드리고 절로 향했다. 저녁 늦은 시간인데도 나를 위해 일부러 환하게 불을 밝혀놓으신 법당을 보는데 왠지 모르게 눈물이 흘렀다.

지장기도에 대해 설명을 듣고 스님께서 건네 주신 지장경을 받아들고 법당으로 향했다. 준비해 간 공양물을 올리고 간절한 마음으로 절을 하면서 21일 기도 입재를 했다. 처음 접하는 지장경은 한글로 풀이가 되어있기는 했지만 내용도 너무 어려웠고 읽는 데 많은 시간이 걸렸다. 기도를 마치고 스님께 인사를 드리고 집으로 오는 길에 열심히 기도를 해보겠다는 다짐을 했다. 왠지 기분이 너무 좋았다.

매일 아침 새벽에 일어나서 씻고 지장기도를 드렸다. 지장경의 내용이 끔찍해서 온몸에 닭살이 돋기도 했고, 내 삶을 돌아보게도 됐다. 업을 닦기 위해서 더 열심히 기도를 해야겠다는 결심이 섰다. 하루도 빠짐없이 열심히 기도를 하다 보니 밤에 잠도 조금씩 잘 수 있게 되었고 항상 따라다니던 두통도 조금씩 호전이 되나 싶었다.

지장기도가 거의 끝나가던 어느 날 밤 꿈을 꾸었다. 누군지 모르는 여러 명의 시커먼 사람들이 나를 죽인다고 따라오는데 도저히 피할 수가 없었다. 도망을 치면 이쪽에서 나타나고, 또 도망을 치면 저쪽에서 나타나서 나를 쫓아왔다. 너무 무서웠다. 소리를 지르려 해도 질러지지 않고 나를 도와줄 사람은 아무도 없는 거 같았다. 그 여러 명의 사람들이 휘두르는 칼에 내가 죽겠구나 생각을 했는데 갑자기 어디서 나타났는지 누군가가 내 손에 칼을 쥐어주며 이길 수 있다고 싸워보라 했다. 있는 힘껏 그 사람들과 싸워 내가 살아났구나 싶었는데 또 한 무리의 사람들이 나타나서 나를 향해 총을 쏘기 시작했다. 이젠 진짜 죽었구나 생각하는데 또 누군가가 나타나서 그 총알을 다 막아주며 내 힘으로 다 이길 수 있다면서 내 손에 총을 쥐어줬다. 진짜 그 총에 있는 마지막 총알까지 다 발사를 했을 때 그 시커먼 무리들이 다 없어지고 나 혼자만 남았다. 그때 퍼뜩 정신이 들면서 잠에서 깼다. 온몸이 땀범벅이 되어 있었다.

아침이 되어 스님께 연락을 드리고 이런 이상한 꿈을 꿨다고 말씀드리니 지장보살님께서 나타나셔서 나를 괴롭히던 영가들을 다 없앨 수 있도록 도와주신 거라면서 기도 마치면 이제 모든 것이 다 편안해질 거라고 말씀해주셨다. 진짜 그날 이후로 밤에 잠도 잘 자고 그 심하던 두통도 사라졌다. 무사히 21일 기도를 마치고 회향을 했는데 내가 뭔가 해낸 것 같다는 생각에 뿌듯했다.

몸이 어느 정도 좋아지니 이젠 내 사업이 눈에 들어왔다. 아프고 힘들다고 소홀히 했던 학원이 전보다 많이 기울어져 있었다. 정신을 차리고 다시 기도를 시작하기로 맘을 먹었다. 충북불교대학 19기 동기 거사님들의 추천으로 가입했던 안심정사 카페에서 지장경을 100번 읽고 어려웠던 사업이 풀리기 시작했다는 신행수기를 보았다. 이거다 싶어서 나도 다시 지장경을 읽어보자 맘을 먹고 원을 세우고 기도 입재를 했다. 하지만 매일 하루에 한 번 지장경을 읽는다는 게 쉬운 일이 아니었다. 시간도 오래 걸렸을 뿐만 아니라 경전을 읽고 기도를 하고 있으면 누군가 방해를 하는 것처럼 꼭 뭔가 일이 생겼다. 여행을 갈 때도 내 여행 가방에는 지장경이 들어 있었고 여행지에서 다른 사람들보다 일찍 일어나서 지장경을 읽었다. 사업도 조금씩 좋아지는 것 같았다. 무심코 샀던 로또복권이 3등에 당첨되는 일도 생겼다. 마지막 백 번째 지장경을 읽던 날 모든 것을 다 얻은 듯한 행복감을 느꼈다. 특별한 일이 일어나지 않았음에도 불구하고 내 스스로 이런 맘이 들었던 적이 또 있었나 싶을 정도로 너무 행복하게 하루를 보냈다.

이젠 뭐든 다 잘 될거라 생각하고 기도를 끝내고 일상에 열중하고 있을 때 문득 다시 기도를 해야 하지 않을까 하는 생각이 들기 시작했다. 지장경 제12품 견문이익품에 보면 "날마다 보살의 명호를 천 번씩 염하여 천일에 이르면, 보살이 그가 사는 곳의 토지신을 시켜 종신토록 돌보게 하여, 현세에 의식이 철철 넘치고 괴로운 질병들을 없게 하며, 어떤 횡액도 그 집 문안에 들지 못하게 하거늘, 하물며 그 사람의 몸에 미치게 하겠는가? 이 사람은 필경에 보살의 마정수기를 받으리라"라는 부분이 나온다. 갑자기 이 내용이 생각나며 나도 지장보살을 천일동안 천 번씩 염하면 모든 업장이 다 소멸하고 평온한 삶이 되겠다 싶었다. 내가 받은 많은 가피들이 생각났고 기도는 믿는 마음이 우선 돼야 한다는 것을 알고 있었기에 꼭 된다는 믿음을 갖고 다시 원을 세워 입재를 하고 기도를 시작했다. 교회를 열심히 다녔던 정 집사인 내가 이젠 정말 부처님께 귀의하고 기도하는 삶을 살아보려 노력하는 모습이 스스로 기특했다.

오늘도 나는 아침 일찍 일어나 사경을 하고 지장보살을 염하며 하루를 시작한다.

우리 가족 앞에
나투신 불보살님

반야행 김갑숙

어려운 일을 극복하고 무엇을 성취해야만 신행수기라 할 수 있을까? 불교집안에서 나고 자란 나는 중매로 남편을 만났다. 결혼을 하고 보니 시댁이 기독교 집안이었다. 그 누구도 교회에 나가지 않는 사람이 없고 온 집안이 교회에 다니고 있었다. 그런데 나와 인연이 되려고 그랬는지 유일하게 교회에 나가지 않은 사람이 남편이었다.

남편도 어렸을 땐 교회에 다녔었는데 장성해서는 나가지 않았다고 했다. 그래서 기독교 집안인 줄 모르고 결혼을 했다. 불교문화에 익숙한 집안에서 자란 나였지만 집안의 맏며느리이다 보니 불교에 입문하기가 쉽지 않았다. 하지만 꼭 절에 가야만 부처님을 만나는 게 아니고 처처에 부처님이 계시지 않은가. 생활 속에서 부처님과 함께 한다고 생각하며 집에서 열심히 경전을 읽고 기도정진 하고자 마음을 냈다.

21일, 100일 기간을 정해 놓고 계율을 지키고자 노력하며 기도를 했다. 아침에 일어나면 천수경을 독송하고 108배, 관음정근하는 것으로 하루를 시작했다. 밥을 지으면서도 천수경을 암송하고 무엇을 하든지 '나는 불자다'라는 자부심을 되새겼다. 무엇을 하든지 천수경을 외우고 신묘장구대다라니를 열심히 외웠다. 가게를 보면서도 기도하는 것을 놓지 않았다. 틈틈이 불교에 관한 책을 읽으며 공부도 했다.

스님들께서 쓰신 책을 읽으면 법문 듣는 것과 같았다. 그래도 부처님께 가고 싶은 열망이 식지 않았다. 날이 갈수록 커져만 갔다. 남편 모르게 가까운 절에 새벽기도를 다녔다. 매일 새벽 5시에 일어나 절에 다니며 신심을 키워갔다. 그 절이 지금 내 원찰이 된 국방부 호국원광사다.

국방부 절이라면 군인가족만 다니는 줄 알지만 그렇지 않다. 일반 신도들이 더 많다. 그렇게 갈망하고 목마르게 가고 싶었던 절이었다. 하지만 그동안 기독교 집안 맏며느리인 나는 절에 다니고 싶다는 말을 꺼낼 수가 없었다. 괜히 가족들 마음을 자극하고 싶지 않았다.

묵묵히 혼자 기도하기를 몇 년…. 부처님 가피였을까. 기독교 집안의 장남임에도 남편이 내게 절에 다니라고 했다. 드디어 불교에 입문하게 된 셈이다. 지금 생각하면 돌아가신 시아버님의 돌보심도 있었다고 생각한다. 기독교 집안이었지만 맏며느리인 나는 시아버님의 제사를 모셨다. 시어머니께서는 3년 동안 반대를 하셨다. 기독교 집안에서는 제사는 왜 지내냐고 하시며 반대가 심하셨다. 그렇지만 나는 남편과 상의해서 정성껏 제사를 모셨다. 남편도 제사 지내는 것을 원했다. 3년 후, 시어머니께서 말씀하셨다. "이제, 네게 맡겨도 되겠다." 제사를 허락하셨다.

절에 입문하기 전 어느 날, 문득 시아버님 산소에 가고 싶은 마음이 간절해졌다. 남편, 애들과 시아버님 산소를 찾았다. 그런데 뜻밖의 일이 벌어졌다.

"당신, 저 있잖아. 아이들 데리고 절에 다녀도 돼."

귀를 의심했다. 내가 잘못 들었나 싶어 의아해하는 표정을 짓자 남편이 다시 말했다.

"다음 주 일요일부터 아이들 데리고 절에 다녀와."

그때 우리 아들과 딸이 초등학교 2학년, 4학년이었다. 벌써 20년이 넘은 일이다. 기독교 집안 맏며느리인데도 남편의 배려와 이해로 불교에 입문해 당당하게 불자가 됐다. 시아버님 산소에 다녀온 후 시아버님께서 남편의 마음을 움직이게 해주셨을까. 그렇게 가고 싶었지만 갈 수 없었던 부처님 도량으로 향하는 길이 열렸다.

절에 간 첫날, 일요법회에 참석했다. 스님 법문을 듣는데, 나도 모르게 환희심이 솟구쳤다. 왜 그렇게 환희롭던지 그날을 지금도 잊을 수 없다. 그때 법당의 분위기, 앉았던 자리의 위치와 감촉 그리고 불단 위 부처님의 표정….

'잘 왔다. 기다렸다.'

부처님은 온화한 미소로 반겨주시는 것 같았다. 절에 다니는 일을 시어머님도 반대하지 않으셨다. 이제 아무 걸림 없이 불자로서 살아갈 수 있다. 집안에서 서로의 믿음에 종교에 대해 불만이 없었다. 한 가정의 장남인 남편이 중심이 되어 배려해주고 이해해줘서 그랬는지 서로 다른 종교 생활을 하는 데 어려움이 없다.

남편이 적극적으로 밀어주고 이해해주고 있음에 불보살님의 가피라 믿어 의심치 않는다. 가족들 배려와 이해로 재일이나 일요법회에 빠지지 않고 나가는 열성적 불자가 됐다.

간절하면 이뤄진다고 했던가. 간절히 원하고 기도를 생활화하다 보니 불보살님이 외면하지 않으셨다. 가피를 많이 받았다. 몇 년 전, 난 시름시름 원인도 모르게 몹시 앓았다. 머리가 깨질 듯한 통증에 일어나지도 못하고 누워서만 있어야 했다. 그리고 위장병까지 겹쳐서 음식만 먹으면 소화를 못 시켰다. 음식을 제대로 먹지도 못하고 정말 고역이었다. 병원을 제집 드나들 듯 다녔지만 신경성이라고만 했지 뚜렷한 병명이 없었다.

"큰 병이, 아닌지 모르겠어요."

"만약 큰 병이라면 벌써 죽었을 겁니다. 걱정 마세요."

의사선생님의 말씀은 큰 위안이 되진 않았다. 그렇게 차도 없이 약으로만 의지해 하루하루 살았다. 아무런 차도가 없어 관세음보살님께 매달려보기로 했다. 지푸라기라도 잡는 심정이었다. 관세음보살님은 어떤 어려움도 다 들어주시리라는 믿음뿐이었다. 온통 관세

106

음보살님만 생각했고 입으로는 쉼 없이 관세음보살님을 불렀다.

"관세음보살, 관세음보살, 관세음보살… 도와, 주세요…."

그렇게 간절히 관세음보살님을 부르다 잠이 들었다. 꿈이었을까, 생시였을까. 하얀 옷을 입은 분이 곁에 있다는 느낌을 받았다. 손을 내밀더니 내 옆구리에서 뱀 두 마리를 떼어내려고 했다. 하지만 그 뱀들이 내 몸에 착 달라붙어 떨어지지 않으려고 했다. 하얀 옷을 입은 분은 아무렇지도 않게 뱀들을 떼어내 어느 바위로 던졌다. 뱀들은 그 바위에 찰싹 들러붙어 떨어지지 않았다.

꿈이었다. 아침에 일어나니 며칠 동안 나를 괴롭혔던 머리 통증과 위 통증이 사라졌다. 언제 아팠냐는 듯이 몸이 날아갈 듯 가뿐했다. 지금도 그 꿈이 생생하다. 아픔이 있을 때나 어려움이 있을 때마다 꿈에 관세음보살님의 화신인지 하얀 옷을 입으신 분이 나타나시는 꿈을 꾸면서 어려움이나 아픔이 사라졌다. 간절히 원하면 이뤄진다고 했다. 일일이 나열할 수 없지만 크고 작은 몽중가피를 너무 많이 받았다.

몇 년 전, 아들이 고등학교 2학년 때 일이다. 피자 가게에서 아르바이트를 했던 모양이다. 아들은 부모님이 걱정한다며 모르게 하고 있었다. 그런데 어느 날 저녁을 먹고 여느 때와 다름없이 기도를 하고 있었다. 기도 중에 갑자기 내 가슴이 쿵 내려앉으며 자꾸 불안하고 심장이 콩닥콩닥 뛰면서 마음이 진정 되질 않았다. 나도 모르게 아들이 생각나서 아들 핸드폰으로 전화를 했다. 아들이 전화를 받지 않았다. 그러니까 불안한 마음은 더해졌다. 계속 전화를 하니 낯선 목소리가 들렸다.

"누구세요?"

"아 애가 오토바이를 타고 배달을 가다 그만…. 교통사고가 나서 병원에 있어요."

오토바이 사고면 큰 사고가 아닐까. 불길함 때문에 떨리는 마음은 진정이 안 됐다. 불안함은 더해졌다. 남편과 정신없이 병원에 달려갔다. 가는 길 내내 불안했다. '아무 일 없을 거야. 아무 일 없을 거야. 관세음보살, 관세음보살, 관세음보살…. 제발 우리 아들 아무 일 없게 도와주세요.'

떨리고 불안했던 마음이 조금 진정은 됐다. 병원이 가까워지자 이상하게 편안해졌다. 병원에 도착해서 아들을 보는 순간, 불보살님의 가피와 가호하심에 다시 한 번 감사드리지 않을 수가 없었다. 다친 곳 없이 멀쩡한 아들을 봤다. '관세음보살님, 감사합니다.' 전후사정을 아들에게 들으니 더더욱 불보살님 가피와 가호하심을 실감할 수 있었다.

"엄마, 걱정하지 마세요. 괜찮을 거예요. 참 이상했어요. 오토바이를 타고 배달을 가는데 갑자기 반대편에서 차가 중앙선을 넘어왔어요. 그 차가 나를 들이 받았는데 몸이 붕 뜨는 게 느껴져서 '아, 이제 죽는구나' 했어요. 근데 정말 다행이었어요. 퇴근 시간대라 차가 많았는데 왜 제가 떨어진 도로에 차가 한 대도 오지 않았을까요."

아아, 또 깨달았다. 불보살님이 가피를. 기도가 헛되지 않았다는 사실을 실감했다. 사고 시각이 내가 기도하는 시각과 일치했다. 기도정진을 1분 1초도 게을리 할 수 없다는 사실을 뼈저리게 느꼈다.

하지만 기도가 깊어지면 마장이 온다고 했던가. 내게도 기도가 익어가는 과정에서 고비가 찾아왔다. 아침에 일어나는데 등이 너무 아팠다. 겨우 일어나 아침기도를 했다. 108배 절을 할 때 엎드렸다 일어나기가 너무 힘들었다. 꾹꾹 참고 천천히 108배를 마쳤는데 이번엔 앉아 있기가 힘들었다. 내과에 갔더니 정형외과를 추천했다. 그러나 주사를 맞아도 아팠다. 출퇴근길에 걷는 것은 물론 차에 타서 앉았다 일어서는 일상적인 행동도 힘이 들고 아팠다. 한의원을 찾아가 침을 맞아 봐도 소용없었다. 절에는 가야 했다. 진통제를 맞아가며 다녔다. 봉사도 빠지지 않았다. 아프다는 핑계로 기도를 쉬진 않았다.

며칠이 그렇게 흘렀다. 퇴근하고 집에 가던 중 갑자기 손목에 차고 있던 108염주의 한 알이 땅바닥으로 떨어졌다. 자세히 봐도 줄이 끊어지진 않았다. 왜 한 알만 떨어졌던 것일까. 염주알을 찬찬히 세어보니 정확히 107개였다. 몇 번을 세어 봐도 107개였다. 의심은 금방 접었고 피곤한 몸을 뉘였다. 다음 날 아침, 통증이 씻은 듯 나았다. 염주 한 알과 등의 통증이 바뀌었을까. 부처님이 남을 위해 살라며 가피를 주신 것이라 믿고 싶다.

가피가 없었다면 오늘의 행복한 불자의 모습은 없었을지도 모른다. 티끌이 모여 태산이 되듯이 하루하루 쌓아온 기도의 공덕이라고 생각한다. 불보살님의 크신 은혜에 보답해야 한다. 나는 하루도 거르지 않고 기도정진 또 기도정진하고 있다. 매일매일 아침기도 사시기도 저녁기도는 물론 신묘장구대다라니 108독을 빼놓지 않는다. 아침에 눈 뜨면 기도를 시작으로 하루를 열고 저녁에 자기 전 하루를 잘 보낼 수 있게 보살핀 불보살님께 감사기도를 올린다. 불법을 만난 크나큰 인연 절대 잊지 않겠다. 나무관세음보살.

바라밀상

츰부다라니 21독

자비심 유영희

오래 전의 일이다. 친구와 둘이서 길을 나섰다. 섬진강 강변을 달려 쌍계사에 도착했다. 2박 3일 일정으로 진행되는 보살계 수계식에 참여하고자 둘이서 의기투합, 간단한 여행 가방을 꾸려서 나선 터였다. 절집 마당에 서서 엄두가 안 나 서있었다. 스님들은 바쁘게 이리저리 왔다 갔다 하고 회색 법복 차림의 보살님들은 단체버스에서 내려 각각의 배정된 숙소에 짐을 풀고 있었다. "○○사 보살님들 이리로 오세요. ○○사 신도님들은 저리로 가세요." 다들 바빴다. 우리는 길 잃은 아이들처럼 두리번거리다가 이러다간 해 지겠다 싶어 지나가는 스님께 용기를 내어 여쭈었다.

"저 , 스님 우리 보살계 받으러 왔는데요."

"아, 네 종무소에 가서 접수하세요."

종무소라니 거기가 뭐하는 곳이며 어디에 있는지도 몰랐다. 1년 코스 불교교양대학을 다니고 심화과정 금강경 코스를 1년 더하고 난 뒤, 절을 정해놓고 다닌 지 얼마 안 되는 새내기 신자였다.

신도 몇 안 되는 조그마한 암자에서 멋모르고 동안거 100일 기도에 참여했었다. 무언가 마음이 정돈 되었다고나 할까. 문득, 보살계 수계를 받고 싶다는 마음이 들었다. 그래서 인터넷으로 알아보고 친구를 꼬드겨 온 참이어서 사실 엄두가 안 나는 상황이었다. 그래도 부처님 빽은 확실히 믿고 있었다. 서툴러도 뭐 어찌 되겠지.

어리버리한 우리를 보고 스님은 답답했는지 우리의 여행 가방을 받아들고선 "이리 따라 오세요" 하고선 성큼성큼 앞서서 걸음을 옮겼다. 그리하여 입학 원서 같은 서류에 인적사항을 적었고, 대중방까지 안내해주는 스님의 친절에 감격하며 2박 3일 동안 이 마음으로 기도를 열심히 해보리라 마음먹었다.

짐을 대충정리하고 둘이서 절 입구에 앉아 오가는 이들을 구경하며 있으려니 한 여자가 커다란 배낭을 메고 들어서는 게 보였다. 내가 말했다.

"저 여자, 우리하고 일행이 되겠다."

아나나 다를까, 그녀는 용감하게도 강원도 정선에서 홀로 차를 운전하여 왔다고 했다. 일행이 되어 같이 움직였다. 저녁 공양을 마치고 절집의 분위기는 좋으면서도 낯설어서 쉬이 안정이 되지 않았다. 화장실에 다녀오면서 본 하늘에는 뽀얀 목련꽃이 달인 양 빛나고 있었다. 싸늘한 밤공기 사이로 은은한 미소로 서툰 신자를 내려다보고 있었다.

처녀시절, 어머니에게 불쑥불쑥 머리 깎고 절에 가겠노라고 하면 어머니는 너같이 게으른 애는 절에서도 안 받아준다고 하던 일이 생각났다. 막연한 동경의 절집생활이 2박 3일 동안 겪을 수 있다는 사실에 설레었다. 쉬이 잠들지 않는 산사의 밤, 다른 친구들에게 전화를 했다. 여기 절인데 아주 좋다 니들도 와라. 다음날 두 명이 왔다. 우리 일행은 다섯이 되었고, 계획표에 따라 기도에 참석하게 되었다. 그리고 무사히 보살계 수계를 했고 처음 우리를 안내해준 스님께 감사의 인사를 드렸다.

"스님, 오리가 알에서 깨어 처음 본 물체를 엄마라 안다던데 우리는 스님의 안내로 보살계를 받았네요. 정말 감사합니다."

스님이 웃으며 답했다. "오리요? 다들 백조인데?"

잃었던 자신감이 되살아나는 것 같았다. 우리는 잊고 있었다. 다들 아내로, 며느리로, 엄마로 사느라고. 그 역할이 버거워서 힘이 들었다. 한 친구는 법당에서 예불하는 시간 내내 울었다. 우리만의 힐링 시간을 보내며, 감히 보살까지는 아니지만 현명한 에미의 역할만이라도 잘 할 수 있기를 기도했다.

백조라니, 미운 오리새끼가 아니고 우리는 백조이다. 살아갈 힘이 생기는 것 같았다. 뿌듯한 마음으로 그 봄이 지나갔다.

오래 전 일이지만 새 봄, 미백의 목련꽃을 볼 때면 그날의 정경이 떠오른다. 마음에 가득 순수함이 차서 그저 거기에 있다는 것만으로 행복한 마음이 들던 그 시간이 아련하다.

내가 그렇게 보살계에 관심이 있었던 것도 그 당시에 내개 지병이 있어서 더 그랬을 것이다. 나는 C형 간염을 앓고 있었다. 간염을 앓은 지 오래되어 간경화가 시작되었다는 의사 진단을 받은 터였다. 별다른 약이 없다고, 그저 더 악화되지 않게 관리를 잘 하라는 말만 했다. 앞으로 더 진행되면 더 안 좋은 것으로까지 진행될 수 있다며, 뭘 먹어야 하는지 묻는 나에게 그 의사는, 자기 아버지도 간경화로 돌아가셨다며 심드렁하게 말할 뿐이었다.

그래서 어쩌란 말인가. 그럼 이 나이에 세월만 보내란 말인가, 절망과 체념과 원망과 안타까움으로 그야말로 멘붕 상태였다. 그렇게 지내던 어느 날, 코피가 쏟아져 119구급차에 실려 가기도 하는 등 위기감이 내 몸을 엄습해왔다. 서울 큰 병원으로 가보자하여 S병원에 갔더니 C형 간염 약이 3년 전에 개발되어 그해부터 보험적용이 된다는 게 아닌가. 48주 동안 주사와 약으로 치료해야 하고, 암 치료에 버금가는 체력적인 소모도 심하고, 완치 확률도 40~50%에 지나지 않지만 나는 치료를 해보기로 했다. 그 치료만이 내가 살 수 있는 유일한 방법이었다.

그때부터 참으로 힘든 시간이 다가왔다. 전날 저녁 10시경부터 물 한 모금 안 마시고 아침 8시 고속버스로 4시간 30분을 달려 서울로 가면, 또 지하철과 셔틀버스로 병원에 닿는다. 접수하고 채혈실에 가 혈액검사용 피를 뽑고 나면, 2시간의 여유가 생긴다. 병원 식당에 가서 혼자 식사를 한다. 혼자 사먹는 밥이 처음에는 너무도 어색하여 괜히 나 혼자 쭈뼛거렸는데 나중에 보니 병원에서는 별로 이상한 일도 아니었다. 요즘 유행하는 혼밥을 나는 꽤 오래전에 겪은 셈이다. 식사를 하고 나서, 병원에 마련 된 법당으로 갔다. 남에게 선뜻 먼저 말을 거는 성격이 못 되어 삼배만 하고 나오기 일쑤였다. 봉사하는 보살들과 얘기를 나누는 이도 있었지만 쑥스럽고 해서 그냥 나올라치면, 스님께서 꼭 떡이나 과일을 하나라도 손에 쥐어주셨다. 받아드는 심정은 뭔가 울컥하고, 지친 심신이 아늑해지는 것 같았다. 병고에 시달리는 시린 가슴이 온기로 채워지는 느낌, '정말 감사합니다' 하는 인사를 지금도 전하고 싶다.

　1주일에 한 번씩 다니다가, 2주에 한 번, 한 달에 한 번. 그렇게 서울로 오르내렸다. 구토가 심하여 식사를 잘 할 수가 없었고, 체중은 일주일에 2Kg씩 빠졌다. 체중에 비례해서 알약이 조정되는데 체중이 너무 줄면 약 복용이 어렵다고 체중 유지에 신경 쓰라고 했다. 궁리 끝에 아이스크림을 먹었다. 그렇게 유지한 체중이 요즘에 너무 과해 내가 낯설다. 그래도 그때를 생각하면 나의 과체중이 감사할 뿐이다.

　머리카락도 많이 빠졌었다. 출출 흘러내리는 머리칼을 보며 일시적인 것이고 치료 끝나면 다시 난다는 것을 알면서도 어떤 때엔 아득한 마음이 들기도 했다. 단골 미용사는 그런 내 머리를 정리해주면서 울기도 했다. 아무렇지도 않은 척하는 내 목구멍까지 눈물이 너울거렸다.

하안거 동안 백중기도가 시작되고, 예불이 끝나면 법당에서 지장보살본원경을 읽었다. 조용한 법당에 앉아 치료가 잘 되게 해주십사 빌었다. 가족에게 근심스런 존재가 되지 않게 해달라고 빌었다. 조용한 법당에 앉아 경전을 읽다보면 나비가 한 마리 내 무릎에 앉아 있기도 하고, 어느 날에는 법당 앞으로 잠자리 떼가 가득 몰려오기도 했다. 그러면 같이 경전을 읽던 보살이 영가들이 몰려온 것이라고 나름 확신에 찬 설명을 하기도 했는데, 그녀의 평소 행동에 근거해보면 별 신빙성이 없어보였지만, 그래도 마음 한 구석, 내 무릎에 앉아 오래도록 나를 지켜 본 나비는 누구의 영혼이었을까 하고 생각이 들기도 했다.

절집마당의 치자나무에는 하얀 꽃이 흐드러지게 피고, 장마철 산안개가 자욱한 날이면, 물방울에 갇힌 치자꽃향기가 바람을 타고 저도 공양을 드리러 오는 양, 넘실거리며 법당 안으로까지 들어오는 모습이 보였다. 그렇게 그 여름날을 기도로 보냈다. 기도밖에 할 수 있는 것이 없었다. '부처님 아시지예' 평소의 내 말버릇대로 부처님은 아시리라 믿고 기도를 드렸다.

그날도 지장경을 읽고 있었다. 즘부다라니 편에 보니 21독讀이라고 적혀 있는 게 아닌가. 생각하기로 '21독이면, 21번 읽어야 하는데 여태 왜 그걸 안 봤을까' 하고는 염주 알로 21번을 세어가며 읽었다. 그리고 그날 밤, 꿈을 꾸었다. 평소에 꿈을 잘 꾸는 편이고, 더러 잘 맞기도 하기 때문에 두려운 마음이 들어 스님께 여쭈어 본

적이 있다. 스님께서 말씀하셨다.

"보살님, TV 속의 호랑이나 사자가 아무리 무섭대도 직접 내게 공격하거나 할 수 없죠? 그렇게 생각하세요. 꿈은 꿈일 뿐입니다."

그날 밤의 꿈은 이러했다. 내가 약을 먹으려는데, 캡슐형의 알약을 누군가 손으로 탁! 하고 쳐내며 "넌 약을 껍데기만 먹더라" 하면서 하얀 봉지 속의 가루약을 입에 털어 넣어주는 것이 아닌가. 나는 꿈속에서도 어머 내가 그동안 엉터리 약을 먹었나 하고 생각했다.

다음날, 스님께 여쭈어보았다.

"스님, 츰부다라니, 21번 꼭 채워 읽어야 합니까?"

"무슨 말이에요?"

"경전에 그렇게 되어 있던데요."

스님은 그럴 리 없다 하면서 지장경 책을 다 확인해보았지만 '21독'이라고 쓰여 있는 책은 없었다. 그럼 내가 읽은 책은 무엇이란 말인가. 나는 두 번 세 번 확인했고 그래서 열심히 쓰인 대로 읽었는데. 그 후로 나 역시도 '21독'이라고 쓰인 책을 발견 할 수 없었다. 그러나 21번은 꼭 읽었다.

백중기도가 끝날 무렵, 와인 병 모양의 병에 생물책에서 본 짚신벌레 같은 것이 담긴 약을 건네받는 꿈을 꾸었다. 그 병을 들고 오는데 누군가 한잔 달라고 하기에 부어주며 언뜻 생각하기를 또 남다 퍼 주겠구나 하여 나도 가득 부어 한잔 마셨다. 그리고 친정집에 가니 돌아가신 친정아버지와 작은아버지가 앉아 있었다. 어머니에게 꿈 이야기를 했더니 아버지와 할아버지가 보인 것이라고 했다. 할아버지가 젊어서 돌아가셔 많이 닮은 너네 작은아버지로 보인 것일 거라고.

거의 일 년의 시간이 걸리는 치료기간이 끝나고, 백혈구 수치의 감소로 조혈주사도 첨가하여 맞고, 갑상선 수치도 오르락내리락 하는 위기의 순간도 견뎌 내며 기도의 시간을 보내고, 드디어 완치의 소식을 들었다. 그것도 부작용 없이 40~50% 완치율을 통과한 것이다. 그래도 병원에선 6개월 뒤에 다시 검사하자고 했다. 혹시 모르는 재발 우려에서였다.

6개월 뒤, 또 전날 저녁부터 물 안 먹고 아침 일찍 대여섯 시간이 걸려 병원에 도착했고, 혈액검사하고, 지하 법당에 갔다. 거기 계시던 비구니 스님이 안 보였다. 새로 오신 스님께 여쭈니 다른 대학 병원에 새로 법당을 내신다고 가셨다고 했다. 감사의 인사를 드려야 하는데, 아쉬운 마음으로 감사한 마음이 전해지기를 빌었다.

검사결과, 100% 완치되었다고 했다. 감사의 인사를 드리는 내게, 주치의 선생님은 "현대의학의 결과죠" 하고 말했다. 지방에서 온다고 암 환자만 보는 오후시간 진료를 배려해준 고마운 선생님이다. 기쁘고 감사한 마음으로 병원 로비를 지나는데 아까 법당에서 뵌 비구니스님하고 마주쳤다. 스님은 잠깐 본 사이에도 내 얼굴을 알아보고 결과가 어떠냐고 물었다. 나는 감사하고 감사하고 또 감사해서 완치됐다는 말씀을 드렸고 스님도 같이 기뻐해주셨다. 나의 서툴고 미흡한 기도에 얼마나 큰 가피를 내려주신 것인가.

처음 절에 다닐 때에 그 절의 스님은 이런 말씀을 해주셨다.

"보살님, 절에 다닐 때에는 부처님 앞만 보고 다니세요. 부처님 뒤에는 먼지도 있을 수 있고, 거미줄도 있을 수 있어요. 그래도 앞만 보고 다니세요."

절에 다니다보니 과연 시기 질투도 많았고, 운동경기 기록 자랑하듯 절하는 횟수를 가지고 경쟁하듯 하는 이도 있었다. 왜 저러지? 하는 이야기를 듣는 사람도 있었다. 저런 것을 두고 내가 다니는 절의 스님이 그러셨나보다. 부처 뒤의 먼지나 거미줄은 보지 말라고.

불교교양대학에 처음 등록하여 처음으로 받아 든 천수경. 법사님이 숙제를 내주었다. 큰소리로 한 번 읽어오기. 숙제는 잘하는 왕년의 모범생은 낯선 어휘가 가득한 경전을 소리 내어 한 번 읽었다. 그날 밤, 꿈에 얼굴이 하얗고 동그스름하게 생긴 스님이 우리 집 거실바닥에서 솟아나는 흉측한 모양의 뱀 같은 괴물을 하나하나 뽑아내고 있었다.

처음 절에 다니며 참가한 100일 기도 중에는 20여 일 간격으로, 내 속에서 뼈이 가득 쏟아져 나오고, 하얀 젤리 같은 것이 쏟아지고 가시가 나오고, 종이끈이 끝없이 나오는 꿈을 꾸기도 했다. 좋은 이끔과 지도를 주신 여러 스님들께 늘 감사드린다. 몇 년 전에 인도

120

성지순례를 하며 경전 속에서만 그리던 부처님의 자취를 찾아 볼 기회가 있었다. 부처님은 늘 우리 곁에 있고, 스님은 부처님이 늘 곁에 있다는 사실을 우리에게 일깨워주는 것 같다.

功

채워도 채워도 채울 수 없는 그릇

그것은 인간의 끝없는 욕심이라네

탐욕의 그릇을 채우려 욕심을 내니

번뇌의 바다에서 벗어날 수 없다네

보지 못할 뿐
가피는 충만했다

혜상 이희주

나는 수화통역사다. 조계사 원심회에 수화통역 자원봉사를 하러 갔다가 신랑을 만났다. 신랑은 탱화를 그리는 농인이었다. 농인은 청각장애인을 말한다. 결혼할 생각이 전혀 없던 내가 수화통역사 합격 후 제 발로 찾아간 원심회에서 천생연분을 만나게 될 줄이야! 우연한 기회에 신랑의 그림을 보게 되었고 그 그림에 반해서 내가 먼저 결혼을 하자고 했다.

다들 불심으로 이어진 인연이라며 축하해주었고 결혼 전부터 쭉 해왔던 기도는 결혼 후 귀한 아이를 만나고 싶다는 의지로 지장기도로 이어졌다. 신랑은 고운 석채로 지장보살님을 그렸고 나는 그 지장탱화를 보며 매일 지장기도를 했다. 신랑은 농인이지만 두꺼운 지장경을 매일매일 하루도 거르지 않고 사경을 했다. 지극하면 하늘에 닿는다는 말은 늘 느끼며 살고 있어선지 기도를 할 때 욕심이 앞서기보단 편안함과 부처님을 믿는 마음과 잘될 거라는 자신감으로 충만했다.

결혼 후 그 다음해에 임신을 하고 회사를 다니며 사회복지사 공부까지 하는 내내 기도를 하루도 거르지 않기란 쉽지 않았다. 졸음이 쏟아져 천수경을 제대로 읽지 못해 '정구업진언'을 몇 번이나 다시 하기가 일쑤였다. 그래서 시간과 장소를 가리지 않는 기도를 하기 시작했다. 아침에 일어나서, 화장실에서, 버스에서, 지하철에서, 누가 보든지 말든지 기도를 했고 어쩔 때는 쫓기듯이, 어쩔 때는 속성으로 했지만 그래도 늘 하루도 거르지 않고 기도를 했다. 그리고 그 기도의 결과는 엄청났다. 임신 내내 아픈 곳이 하나도 없었고 그 흔한 빈혈약이나 엽산도 거의 먹지 않았다. 또한 갑자기 여기저기서 아기 선물과 다양한 일거리가 들어오고 더할 나위 없는 풍요와 원만함이 가득했다.

아이도 물론 순산을 했다. 양가 어른들은 물론 원심회 법우님들과 지인들 모두 많은 분들이 청각장애인과 결혼해 어떤 아이가 나올까 내심 궁금했던 모양이었다. 아이의 태명은 반야였는데 낳아보니 아주 이쁘고 지혜로운 공주님이었다. 아기를 낳았으니 이제 지장기도는 멈추고 관세음보살 염불과 신묘장구대다라니 주력을 했다. 그런데 기도를 하며 그 어떤 어려움이 있어도 능히 해냈었던 나인데! 육아를 하며 산후우울증이 심각하게 와서 수개월간 자살을 생각하기도 했다. 살도 어마어마하게 찌고, 엎친 데 덮친 격으로 출산 후 3개월 되던 때 아이를 안고 넘어져서 거의 6개월 이상 치료를 했지만 지금도 오른쪽 다리가 약간 불편하다.

기도를 하기 싫었다. 기도, 불교, 부처님, 내 자신 등 30년 넘게 확신하고 살았던 믿음이, 자신감이 모두 사라졌다. 신랑도 보기 싫었고, 수화하기도 싫었고, 특히나 손을 쓰는 수화통역사가 손목과 손가락 관절이 전부 아파서 손가락을 구부릴 수가 없으니 앞으로 수화를 하지 못하겠다는 두려움과 오만 가지 걱정이 날 뒤덮었다. 출산 후 뚱뚱해진 몸과 어두운 표정으로 하루하루 사는 내 얼굴은 이미 다른 사람이 되어 있었다. 자존감은 이미 바닥이었고 양가 어머님들은 달라진 이런 모습을 보며 속이 타서 어쩔 줄 몰라 하셨다. 신랑과의 다툼도 잦아졌고 '아 여기가 지옥이구나' 그저 이 생각뿐이었다. 내가 살면서 최대의 위기를 맞은 것이다.

기도를 여전히 하고는 있었지만 그저 형식적으로 입으로만 하고 기도하는 시간이 더디 가는 지루한 느낌을 알아챘고, 오로지 마음속엔 '죽음'만 가득했다. 큰일이라고 생각하면서도 우울증은 생각보다 굉장히 오래갔다. 몸도 쉽게 회복되지 않았다. 녹은 그 쇠를 먹는다는데… 나는 계속 썩어가고 있었다.

글 읽는 것 좋아하는 나인데 눈이 아파서 신문도 볼 수가 없었다. 부처님과의 거리는 활자로도 멀어졌다. 그저 쌓여만 가는 신문을 보는 것 자체도 스트레스였다. 기사 한 부분만 읽어도 뭔가 시원할 텐데…. 어디에서고 답을 찾고 싶었다. 절에 가면 좀 괜찮아질 것 같았지만 아기가 어리니 데리고 다니기 힘든 것도 있었고 그보다 더 큰 문제는 내가 온전히 걸을 수 없다는 것이었다. 병원을 갈 때나 신랑에게 의지해 차로 이동했고 계단을 오르내리는 건 거의 불가능했다. 대부분의 절은 계단이 많고 바닥에 앉아야 하기 때문에 그 공간의 제약이 나를 더욱더 부처님과 멀어지게 했다. 휠체어가 다닐 수 있는 경사로나 법당 내부 혹은 신발장 한 쪽에 작은 의자라도 있었으면 하고 간절하게 바란 적이 많았다. 부처님께서 절을 그리 지어라 하신 것도 아닌데 부처님을 욕했다. 노보살님들도 올라가는 계단을 난 그저 바라만 봤고, 법당 안에 앉아 기도하는 것이 이렇게 어려운 일이었나 새삼 느꼈다. 거꾸로 생각해보면 절에 가서 법문 듣고 기도하는 건 엄청 큰 복이었던 것이다.

기도를 놓고 싶단 생각이 들면서 생활이 더욱 부정적으로 바뀌었다. 어떻게 기도를 해야 내가 나를 치료하고 부처님과 더 가까워질 수 있을까 고민했다. 아기가 잠들면 기도를 하다가 울면서 제발 살려 달라고 외치고 외치다 잠이 들었다. 그런데 부처님은 아주 오랜 후에 답을 주셨다. 아이가 백일이 지나고 점점 커 가는데 나는 회복될 기미가 안 보이고 폭염보다 더 혹독하고 뜨거운 미칠 것 같은 나날들이 흘렀다.

가을이 되던 무렵 나는 그동안 하던 기도를 대폭 축소했다. 화살기도란 말을 알고는 있었지만 해본 적은 없었다. 돌봐 주는 이 없이 오직 우리 부부의 힘으로만 아이를 돌보니 육아로 시간이 거의 없었다. 내가 자신 있게 외워서 할 수 있는 신묘장구대다라니에만 집중하기 시작했다. 그렇지만 해가 있는 낮에는 살아야겠다는 생각을 했다가도 어두운 밤이 오면 다시 온갖 망상과 우울감이 찾아왔다. 답이 없다. 이 말을 도대체 얼마나 많이 했었는지…. 다리가 불편해 삼배조차 할 수 없었다.

조계사는 아이 백일이 지나고 부처님오신날 즈음에 한 번 방문했다. 그날도 다녀왔다는 성취감 뒤로 바로 엄청난 다리 통증이 찾아왔다. 결혼과 임신, 출산이 원만하더니 그간 나도 모르게 자만했던 마음이 있었나보다. 그게 이런 크나큰 아픔으로, 부처님을 내 마음속에서 몰아낼 정도로 뿌리를 흔드는 고통으로 찾아오다니….

아이가 돌이 될 무렵, 서서히 내 몸이 회복되기 시작했다. 하루에 딱 한 번 하는 기도는 중심을 잡아갔고 자기 전에 아이에게 젖을 물리며 하루를 정리하는 감사의 말을 하고 신묘장구대다라니를 외운다. 그리고 다시 감사의 말을 한다. 어찌 보면 내가 살면서 가장 짧은 기도를 1년 넘게 하고 있지만 기도는 길고 짧음에 상관없고 그 절실함과 집중력이 전부라는 걸 이제야 깨닫게 되었다.

많이 잃었다고 생각했는데 되돌아보니 고작 1년이었고 물론, 그 1년이란 시간속의 고통은 아주 농밀했지만 그만큼 깨닫게 된 것도 아주 크고 귀했다. 내 자신이 바뀌었다. 두려움이 사라지고 좀더 명확하고 간결해졌다. 자신감도 다시 찾았고 내가 무엇을 하고 있는지 알아차리는 시간이 전보다 많이 빨라졌다. 매순간 감사하는 횟수와 그 진심이 훨씬 증가했다.

기도를 해본 사람은 안다. 절실하게 목숨 걸고 기도를 해본 사람은 안다. 잘난 체가 없어지고 자연스러워지고 지금 숨 쉬는 이 순간이 얼마나 감사한 것인지를. 그리고 정말 중요한 것은 부처님 법을 만나 기도를 하고 가피를 받는 그 엄청난 복을 누릴 수 있는 것이 사람으로 살아가며 가장 큰 행복이고 기쁨인 것을.

아이는 여전히 잘 자라고 있다. 나는 우울증이 완전히 사라졌다. 병원을 다닌 시간은 꽤 길었지만 좋은 인연들도 생기고 신랑은 여전히 우리 가족을 대표해 조계사 원심회를 잘 다니고 있다. 신랑도 물론 관세음보살 기도로 바뀌어서 매일매일 하고 있다. 사실 신랑은 청각장애인이라 그런지 경전 내용이 어렵다며 크게 흥미를 갖지 않았다. 탱화를 그릴 때는 온 우주의 불심을 끌어 모아 집중해서 그리던데, 왜 기도는 따로 안 하는지 늘 궁금했었다. 그래서 연애 시절부터 반야심경을 외우면 결혼하겠다 등의 다소 유치한 조건들을 내걸어 부처님 말씀에 좀더 가까워지도록 유도했었다. 신랑은 우직해서 한번 시작하면 쉽게 포기하는 성격이 아니라 지금은 너무도 훌륭하게 매일매일 기도를 잘하고 있다. 여행갈 때도 사경 책을 챙겨가고 아무리 졸려도 기도는 꼭 하고 잠들 정도니 이만하면 백점 만점이다. 이제 17개월인 나의 소중한 딸도 내가 자기 전 기도를 하려고 관세음보살 염불을 시작하면 젖을 쭉 빼곤 내 눈을 마주치며 "앙앙아앙" 말한다. 나는 그것이 관세음보살을 부르는 소리라고 믿는다.

돌 즈음부터 아빠의 그림을 보며 합장 인사를 하고 스님들을 보면 합장 반배를 하고 불상을 보면 합장을 하고 신문에 나와 있는 많은 사진들 중 스님들 사진만 보면 합장인사를 하니 이 아이가 말하는 "앙앙아앙"이 어찌 관세음보살이 아니겠는가! 사실 신기한 일이다. 지인들은 이런 딸아이를 보면 감탄사를 연발할 뿐이다. 그런데 내가 그리 하라고 가르친 것도 아니고 본인이 부모를 보고 자연스레 익힌 것이고 뱃속에서부터 늘 듣던 기도이고 보던 부처님과 탱화이니 어쩌면 당연한 현상일지도 모르겠다.

나는 태어나서 지금까지 부처님의 가피를 늘 받으며 살고 있지만 이렇게 크나큰 인생의 변화가 생겼을 때는 가피란 단어로 표현하기엔 부족하게 느껴진다. 그리고 이 감사한 마음을 어떻게 회향해야 할지 몸 둘 바를 모르겠다.

오랜 시간 전문직으로 일하다가 불과 1년 만에 출산과 육아로 지쳐 부처님과 이별할 뻔 했던 나의 신행수기. 기도는 나 혼자만의 것이 아니고 가족 모두의 것이며 가피로 이루어진 한 가정이 밝은 등불이 되어 다른 사람들을 밝히고 또 밝히고 그것이 포교가 된다고 믿는다. 태어나 처음으로 '부처님 저 좀 살려주세요! 제발 아프지 않게 해주세요!'라고 했던 나의 기도가 그동안 혼자만 맘속으로 '기복신앙처럼 나만을 위한, 내 가족만을 위한 기도하지 않을 거야' 했던 자기모순에서 벗어나 어쩌면 인간적이고 솔직한 기도가 아니었나 생각해본다. 부처님은 아시니까. 내가 어떤 마음으로 기도하는지 아시니까. 기도를 해서 가피를 주시는 것이 아니고 늘 주시는 그 가피를 기도를 통해 내가 좀 더 끌어당겨 모아 나를 위해 쓰게 되는 것임을 이제 알게 되었다. 매일 밤 기도를 하기 전에 생각한다. 부처님께 주파수를 맞추자. 와이파이를 켜듯 내 불심을 부처님께 향하자. 긍정적이고 깨끗한 에너지를 모아 기도를 하면 부처님께서 감응하신다. 경전이 어려워 읽지 못하면, 경전 안에 나오는 한 구절만 지극한 마음으로 외워도 되고, 관세음보살 발음이 어려우면 그냥 입에서 나오는 대로 부처님을 부르면 된다.

얽매이지 말고 오직 단 하나만 생각하고 시작하면 된다. 부처님은 다 듣고 다 보고 대답해주신다. 부처님은 한 분이 아니다. 공기 안에 있는 모든 것들이 다 부처님이고 날 위해 기도해주는 많은 분들이 부처님이다. 산후우울증에 시달릴 때 '난 혼자구나! 아무도 날 도와주지 않는구나!' 생각했었는데 이제와 보니 가족을 비롯해 나를 알고 있던 모든 분들이 엄청나게 나를 아끼고 도와주고 있었다. 비록 1년이 흐른 후 뒤늦게 깨달았지만, 그 고마움과 그 수많은 부처님들이 늘 내 곁에 있음을 알게 되어서 참으로 행복하다. 소중하다.

오늘도 이 수기를 마무리하고 아기를 안고 재우며 기도를 할 것이다. 신랑도 혼자 있는 시간에 기도를 할 것이다. 아기도 내 목소리를 들으며 기도를 할 것이다. 기도할 수 있어서 행복하다. 부처님과 헤어지지 않아서 행복하다. 내가 나라서 행복하다. 감사하다. 이렇게 신행수기를 쓸 수 있어서 감사하다.

내가 늦은 나이에 부처님 덕분에 아이를 낳고 남들이 말하는 육아전쟁을 치르고 있지만, 이 또한 감사하다. 더 큰 시련과 고난이 와도 이젠 해결할 수 있겠다는 믿음과 내공이 생겼다. 또한 기도를 하며 내 삶이 그 기도와 일치하려고 애쓰며 힘들게 살던 지난 시간은 점차 줄어들었고, 이제는 자연스럽게 기도하는 마음으로 살아가고 있다.

지금도 부처님께 의지하며 기도를 하고 있을 많은 육아 동지들이 이 글을 읽고 힘을 내고 굳게 믿음을 갖고 정진하길 바라는 마음에서 용기 내어 쓴다. 부처님의 가피는 늘 공기처럼 내 곁에 있고 진심어린 기도는 결코 헛되지 않다는 것을 거듭 강조한다. 아이를 위해 아이 통장을 개설하고 좋은 음식을 먹이고 교육을 하는 것도 중요하지만 아이의 맑은 마음과 지혜를 위해 부모가 매일하는 기도는 가장 훌륭한 저축이고 자산임을 모든 불자님들이 꼭 알아주셨으면 한다. 가피는 눈에 보이지 않는 것이 아니고 우리가 보지 못할 뿐이다.

사람 몸 받아서 고맙습니다. 부처님 법 만나서 고맙습니다. 기도할 수 있어서 무조건 고맙습니다. 관세음보살, 관세음보살, 나무관세음보살.

기쁜 마음으로
합장하다

김익찬(가명)

그때 나는 누군가에게 제압당한 채 거의 움직이지 못하는 상태에서 인간의 탐욕이 만드는 지옥을 보고 있었다. 선을 가장한 인면수심이 빚어내는 온갖 형태의 인간상이 보였고, 그 위선의 큰 집단에서 저질러지는 끔찍한 악행의 면면들을 목도했다. 내 눈앞에서 탐욕에 젖은 이들이 서슴없이 사람을 해하는데, 선하던 이들조차 탐욕 때문에 그 같은 악행에 가담하는 과정을 낱낱이 지켜보며 숨 막히는 두려움과 혐오로 떨었다. 그처럼 치를 떨면서도 아무것도 하지 못하고 그저 마음으로 '나무아미타불, 나무관세음보살'만을 염하는 내 모습이 일순 초라하게 보였다. 그 와중에, 탐욕의 제물이 되어 고통과 원한 속에서 죽어간 영가들이 내 주위로 모여 들더니 원통함을 토로하였고 나는 두려움에 떨면서도 부처님의 대자비로 구현되는 인과에 대한 설명으로 영가들에게 위로를 건네며 보응은 부처님의 섭리에 있으니 원한을 내려놓으라고 권하니 영가들은 수긍을 하며 안색이 밝아져서 돌아갔다. 그때, 모든 악행의 실상을 내가 목격하였다는 사실을 알아차린 악인들의 우두머리는 나를 깊은 바다로

수장을 시켜서 후환을 없애라고 명령을 내렸고 항거불능 상태였던 나는 폐기물에 뒤엉켜서 쓰레기처럼 구겨진 채 바다로 나가는 배 위에 던져졌다.

나는 몸은 움직이지 못하였으나 의식은 또렷하였기에 일심으로 '나무아미타불, 관세음보살'을 염하는데 갈매기 떼가 '끼룩-끼룩' 소리를 내며 날고 있는 푸르고 맑은 하늘이 보였다. 얼마나 지났을까. 사위는 칠흑 같은 어둠으로 덮였고 드디어 배가 멈추는가 싶더니 일단의 사람들이 나를 짐짝처럼 들어서 바다에 던지는 그 순간 '아 이렇게 죽는구나' 생각하였는데, 내 몸이 해변에 떨어지는 그 찰나에 온 천지가 환해지며 보름달처럼 허공에 둥실 떠서 어둠을 물리치고 광명을 두루 뿌리며 고요히 웃는 부처님이 내 눈 속으로 빨리듯 들어오셨다. 큰 거울처럼 고요하게 숨죽인 드넓은 바다와 그 위하늘에 일체로 빛을 뿌리시는 장엄함은 경이롭고 환희로웠다. 그 같은 모습을 보며 바닷물 속으로 잠겨드는데도 두려움이나 고통이 없었다. 대신 어머니의 품에 안긴 아이가 느끼는 것 같은 안락함이랄까. 충만한 평온함을 한껏 느끼며 '부처님, 감사합니다. 저를 부처님께 맡기오니 받으소서'라는 말을 하며 무의식에 빠져들었다. '나무아미타불, 나무관세음보살.'

내가 이렇게 부처님을 뵌 서상이 꿈이었는지 혹은 환상이었는지 구분이 되지 않는다. 하지만 방금 부처님을 뵌 듯한 감동은 지금도 가슴 벅차기만 하다.

금전 문제로 거듭 속임을 당하여 크게 손해를 보았던 나는 교묘하게 날 속이는 이를 용서하지 못하고 분심으로 가득하여 폭력을 휘둘렀다. 그 일로 재판을 받은 나는 징역 8개월을 받은 상태에서 구속이 되어 2017년 12월 13일에 교도소에 수감되었다. 그렇게 영어의 신세가 된 것이 어처구니없고 더욱 분하여 심신이 지옥처럼 괴로운 상태로 수일간 몹시 앓았다. 독 오른 뱀이 똬리를 틀고 있는 것 같은 맘으로 여러 날을 웅크린 채 식음도 전폐하며 이를 갈던 내가 느닷없이 맘을 바꾸고 떨쳐 일어났다. 그건 부처님을 뵌 일이 뚜렷하게 각인되어 눈을 뜨나 감으나 더욱 선연해지는 까닭이었다.

　앓아 누워 치를 떨며 독기만을 뿜어내던 분심도 어느새 봄날 눈 녹듯 녹아버렸다. 때마침 신심 돈독하여 평소에도 일심으로 부처님께 한결같이 기도하는 아내가 면회를 와서 탐, 진, 치 삼독을 여의어야 한다며 차입해준 몇 권의 경전이 내 손에 쥐어졌다.

　그날 밤, 잠자리에 들어 가만히 경전을 펼쳐드는데 나도 모르게 눈물이 샘솟듯 흘러나왔다. 멈추지 않는 눈물과 함께 문득 열심히 산다는 미명으로 한껏 욕심을 부리며 삼독심에 젖어 살아온 나의 모습이 하나둘 주마등처럼 투영되었다. 내 딴엔 치열하게 산다고 살아왔으니 때론 잘한 일도 분명 있었을 텐데, 기억에도 없는 줄 알았던 의식의 깊은 곳에서 나오는 기억들은 모두 탐내고 성내며 어리석은 다툼으로 죄업을 만들어 켜켜이 성처럼 쌓아온 모습들뿐이었다. 산을 에워싸며 피어오르는 짙은 운무처럼 피할 수 없는 부끄러움이 나를 휘감는 순간 흐르던 눈물은 부지불식간 참회의 눈물로 바뀌었다.

구속되기 전까지 나는 절집들의 크고 작은 공사들도 맡아 했었고 절집에 가서 기도하자는 아내의 청이 늘 있어서 절집에도 자주 다녔던 터라 겉보기에 나의 모습은 언제나 불자처럼 보였었다. 또한 이런저런 경문과 선지식들께서 펼쳐보인 촌철살인과도 같은 가르침이 있는 게송이나 오도송 등도 지식으로는 다소 알고 있었기에 더욱 그리 보였으나 실상은 껍데기만 그렇게 보이면서 살아왔다는 자성이 일었다. 그 같은 자성은 선가귀감에 "허물이 있으면 곧 참회하고, 잘못한 일이 있거든 곧 부끄러워하여야 대중부의 기상이 있다는 것이다"라 이르신 말씀을 떠올려 경건한 마음가짐으로 진참회를 할 수 있도록 해주었다. 또한 참회와 함께 경전을 사경하며 기도를 하자는 발심을 내기에 이르러서 양무제의 참법 사경을 필두로 지금까지 천수경, 아미타경, 금강경, 약사경, 지장경, 법화경, 범망경 보살계에 이르기까지 사경기도를 해낼 수 있었다.

지난 넉 달 간의 일심기도를 통하여 '나'라는 주체가 단순한 '나'가 아니며 부처님이 모셔진 도량으로서의 '나'라는 사실을 깨닫게 되었다. "부처님께서 이르기를 '마음이 곧은 줄 알아야 한다'고 하셨고 또한 '곧은 마음 그것이 곧 도량이다' 하셨다." 그런 깨달음은 나의 마음(信)과 몸(行)에 부처님과 제보살을 위시한 화엄성중을 모

138

시는 절집부터 지어보자는 두 번째 발원을 내게 하였다.

참회의 삽질로 마음밭을 파헤쳐서 도량의 터를 청정하고 반듯하게 닦으려 정성을 다하면서, 지금까지 살아오며 탐착하고 사랑했던 많은 것들이 다 허상이기에 언젠가는 툭툭 털고 가야하는 대상이었다는 것도 알게 되었다. 특히 "무릇 형상 있는 것은 모두가 허망한 것이니 만약 모든 상이 상아님을 볼 수 있다면 곧 여래를 볼 것이다"라는 금강경의 게송이 활구가 되어 마음을 찔렀다. 나아가 장엄정토분, 법신비상분, 응화비진분의 다른 게송들도 참구하게 되었으니 자비로운 부처님의 가피를 입은 것이다. 이렇게 도량의 터가 점차 닦이고 주춧돌이 놓인 위에 기둥도 세워지고 각양 들보며 서까래가 순서대로 올려지는 등 뼈대를 갖추어 갔다. 이대로 부처님을 모시겠다는 '한마음'만 놓지 않으면 머지않아 필경은 부처님과 제 보살, 화엄성중을 모시고 공경하여 공양과 예배를 올리는 도량다운 도량으로 장엄되어질 것이라는 믿음이 더해갔다. 그 같은 믿음을 기반으로 시작은 비록 작아 보잘 것 없는 불사이지만 훗날 대가람을 일으키는 중창불사로 이어지게 해주십사고 간절한 기원을 드렸다.

가는 곳마다 주인이 되고 있는 곳마다 참되라

隨處作主 立處皆眞

─임제선사

일상생활 언제든지 남 이롭게 하라. 도 이룸은 돈을 쓰는 데 있지 않느니라. 보리는 다만 마음을 향해 찾는 것. 쓸데없이 밖에서 찾아서야 되겠는가.

　—육조혜능

　간절한 참회를 시작으로 작은 발원을 내어 기도하며 수행하며 동반된 나의 변화도 변화지만, 나의 변화되는 모습을 곁에서 지켜보던 동료들의 변화는 실로 부처님의 오묘한 힘있는 작용이라고 여겨진다. 나는 그것이 '진리가 지닌 전법의 힘'이라 믿고 있다. 구속되던 때부터 지금까지 나를 줄곧 지켜본 동료들이 처음엔 나에게 '땡중'이니 '스님'이니 하는 호칭과 함께 '나가서 돗자리만 깔고 앉았어도 먹고는 살겠다'는 등 비아냥거리던 이들이 시간이 지나면서 부처님에 대해서 또 그 가르침에 대하여 묻기 시작하였고 점차 나를 따라 경을 독송하며 예불을 드리는가 하면 사경도 하는 이들이 생겨난 것이다. 그러자 대화의 주제도 자연스럽게 삿되고 통속적이던 데서 점차 벗어나면서 일상생활의 면면도 변했다.

　악습의 고리를 끊으려 애쓰는 모습을 보여주었고 부처님께로 귀의하는 동료들이 늘었으니 그 자체가 부처님의 대자비가 빚어낸 불국토의 장엄이었다. 이 모든 변화에 강제성이나 권고는 전혀 없었는데도 완고하였던 마음들을 녹이고 변화시켜 그 스스로를 부처님께 귀의하도록 하시는 그 오묘함이 놀라웠다. 저마다의 사연은 달랐으

140

나 모두가 다 세상살이 갖은 괴로움을 견디다 못해 지칠 대로 지쳐버린 심신을 끌어안고 자포자기해버리고 싶은 지경에까지 이르렀을 때 극적인 인연 따라 법우가 된 우리는 모두 부처님께서 주신 안락함에 감사드리면서 불은에 보답하는 것은 오직 부처님의 법을 전하는 일에 힘쓰는 것뿐이라는 의견을 모았다. 제각기 정성껏 가르침을 좇아 정진하며 불법을 널리 전하는 데 힘을 다하자는 발원을 내게 되었다.

비구들이여, 전도를 떠나라.
많은 사람들의 이익과 안락과 행복을 위하여.
세상을 불쌍히 여기고,
인간과 신들의 이익과 안락과 행복을 위하여.
전도를 떠나되 두 사람이 한 길을 가지 말라.

비구들이여(불자들이여)
처음도 좋고 중간도 좋고 끝도 좋으며
조리와 표현을 갖춘 법을 설하라.
사람 중에는 마음의 더러움이 적은 이도 있거니와
법을 듣지 못한다면 그들도 악에 떨어지고 말리라.
들으면 법을 깨달을 것이 아닌가.
—잡아함, 승색경

허물과 죄가 많은 내가 부처님과 제보살의 자비로운 가피를 입지 못했다면 여기까지 올 수 있었겠는가를 생각하면 부처님을 예찬하지 않을 수 없다. 지금은 꿈에서조차 '부처님의 법을 전하자'라는 한 생각을 지니고는 있지만 아직도 크고 작은 흠결을 지닌 나는 되새기는 말씀이 있다.

나의 가르침을 따르는 두 종류의 사람이 있으니 이것을 '범하는 것이 없다'라고 한다.
'첫째는 품성이 본래부터 한결같고 청정무구하여 범하지 않는 것이고, 둘째는 범한 뒤에 곧 부끄러워하며 드러내어 참회하는 것이니 이 두 종류의 사람은 나의 가르침 가운데서 청정함을 얻는 자'라고 한다.
　—지장십륜경

부처님 말씀을 통해 늘 새로운 각오로 마음을 여미는 힘을 얻곤 하였다. 그처럼 힘을 얻어 늘 전법을 어떻게 할 것인가 생각하며 지내다가, 옥중의 작은 운동장 한 켠에 피어난 노란 민들레꽃을 무심히 바라본 순간에 가슴을 '쾅' 하고 치는 어떤 생각과 함께 화엄경에 이르신 부처님의 말씀 한 구절이 떠올랐다.

나무는 꽃을 버려야 열매를 맺고, 강물은 강을 버려야 바다에 이른다.
　—화엄경

비로소 미처 보지 못하였던 것들이 보이기 시작했다. 가볍디 가벼운 저 꽃마저 떨구고 나면 더할 수 없이 가벼워진 홑씨가 마하반야바라밀을 어디든 실어 나르는 때가 올 것이며 그때엔 어떤 막힘도 장애도 없는 무애의 흐림이 분명하게 보였다. 해탈이었다.

나와 여기 법우들에게도 그 같은 대자유의 바람이 속히 일렁이는 온기로 불어와주길 간절히 소원하면서 부처님을 바라보며 기쁜 마음으로 합장을 한다. 나무관세음보살, 나무아미타불.

탈북동포는
나의 가족입니다

보현화 홍성란

功

德

11년 전의 일이다. 포교사가 되고 난 후 포교사단에서 일방적으로 배치해주던 봉사 장소가 북한 이탈 주민들이 한국에 입국해 정착교육을 받게 되는 통일부 북한이탈주민 정착지원사무소(하나원)였다. 처음엔 그곳이 어떤 곳인지도 몰랐다. 그저 '북한'이라는 단어가 들어가 있으니 어려운 사람들인 것 같았다. 그래도 부처님 말씀 전할 생각에 무조건 좋다며 빨리 가고 싶어서 마음에 들떠 있었다. 그런데 막상 포교 현장에 가보니 불교에 오는 사람은 몇 명 되지도 않았고 다른 종교에는 많은 사람들이 가고 있었다.

불교에 봉사하는 사람들도 월 1회 봉사하는 게 다이고 매주 사람이 계속 바뀌게 되니 소통하는 데 큰 문제가 있었다. 물어보는 내용이 있으면 다음 주에라도 알려줘야 하는데 한 달 후에 오게 되니 그때는 이미 그분들이 수료를 하고 난 후라 의미가 없었다. 이곳은 한 달에 한 번씩 입소와 퇴소를 반복하는 곳이기 때문이다. 또 다른 종교는 매주 들어오는 봉사자가 어김없이 들어왔다. 왜 다른 종교는 매주 빠짐없이 바뀌지 않고 들어오는데 우리 불교는 못할까?

그 생각에 '그럼 내가 해야지' 하고는 그때부터 매주 일요일 북한 이탈 주민들과 운명적인 만남이 시작되었다.

첫 포교 현장에서 새내기 포교사인지라 뭐가 뭔지도 몰랐지만 이곳이 정말 중요한 현장 이라는 것을 직감했다. 모두가 그리운 가족을 뒤로 한 채 가슴 아픈 사연을 가진 사람들이었다. 시간이 지날수록 절절한 사연을 가진 북한 이탈 주민들을 보며 일상생활 속의 평범함이 특별한 시간들로 다가오기 시작했다. 여섯 번의 탈북 과정에서 북송 되었다 죽음 직전에 7번 만에 성공한 사람, 세 살짜리 아이가 엄마와 함께 오다 엄마는 중국 공안에 붙잡혀 북송되고 아이만 온 사연, 술주정뱅이 중국 남편이 술에 취해 펄펄 끓는 가마솥에 두 손을 풍덩 담궈버려 화상으로 뼈가 녹아내려 두 손목이 손가락 하나 없이 온 사람, 일곱 살 아이가 산을 넘어 오면서 발톱이 다 빠진 사연, 한국에 온 지 1년 만에 남편이 간암으로 부인과 아들만 남겨둔 채 하늘나라로 가버린 사연, 십 년 전 헤어진 엄마를 찾기 위해 홀로 사선을 넘은 17세 청소년, 두 살배기 아이를 등에 업고 탈출을 강행한 아이엄마, 탈출하는 과정에 같이 오던 일행이 북한 군인에게 발각되어 수십 발의 총을 맞고 그 자리에서 사망한 모습을 직접 목격하며 온 사람…. 정말 소설 속에나 나오는 이야기인 줄 알았던 현실이 내 눈앞에 펼쳐졌다.

이런 가슴 아픈 사연을 가진 사람들에게 내가 과연 앞으로 무엇을 어떻게 해야 하나? 그때부터 고민에 빠졌다. 그때 문득 생각했다. '맞아! 내가 할 수 있는 것은 상처받은 사람들을 엄마처럼 가슴으로 품어주고 부처님 말씀을 전하며 탈북 과정의 힘든 마음들을 정화 시키고 순화 시키는 일이야.' 북한 이탈 주민들이 내 가족이라는 심정으로 포교를 하기 시작 했다. 만나는 이들에게 불교는 가족이라고 외쳤다. 부처님의 가르침이란 어려운 경전이 아니라 엄마 같은 마음이라고 생각했다. 마음이 힘든 사람들의 눈높이에 맞는 효율적인 포교를 해야 한다고 생각했다.

가족들이 그리워서 눈물 짓는 한 사람 한 사람 꼭 안아주며 머지않아 통일이 될 거라고, 꼭 만날 수 있을 거라고 어떤 상황에서든 긍정적인 마음을 내자고 했다. 용기를 내서 가족들을 만날 때까지 바르게 살자며 꼬옥 껴안아 주었다. 시간이 지나면서 "불교는 가족이라는 말이 참 좋습네다" 하면서 부처님 말씀을 듣기 위해 사람들이 모여들기 시작했다. 또 불교라는 건 내가 주인공이 되는 거라고, 북한에선 주종 관계로 살았지만 한국에 왔으니 이제 내가 주인공이 되어야지 했더니 불교는 허구가 아닌 참 현실적인 것 같다는 반응이 있었다. 그렇게 한두 명씩 불교로 몰려오기 시작했다.

신묘장구대다라니를 독경했더니 "나모라가 뭐야요? 헛바닥도 안 돌아갑네다" 하면서 무슨 말인지 이해가 안 된다고 했다. 그 얘기를 들으니 한국에 와서 어떻게 살아야 할지 막막하고 가족들은 보고 싶어서 눈물 짓고 있는 사람들한테 어려운 경전부터 시작하는 것은 안 맞겠다는 생각이 들었다. 그래서 부모님에 대한 효를 이야기하며 부모은중경을 같이 읽기 시작했다. 부모은중경은 한마디로 히트를 쳤다. 부모에게 못다 한 효를 부모은중경을 통해 달랠 수 있었다. 경을 읽을 때마다 모두들 눈물바다가 되었지만 한편으로는 속이 다 시원하다며 너무들 좋아했다. 보왕삼매론 역시 좋은 반응이었다.

"억울함을 밝히려고 하지 말라. 억울함을 밝히려면 원망하는 마음을 도웁게 되나니."

이해하기 어렵다는 경전 말씀보다는 재미있게 불교문화도 접하며 쉽게 받아들여질 수 있는 포교를 하려고 노력했다. 매월 연꽃을 만들기도 하고, 다도도 하고, 북한 음식도 만들고, 고향을 생각하며 북한 노래도 부르고, 장기자랑도 하고, 한국 노래도 부르고… 또한 한복을 한 번도 못 입어본 사람들이 많다는 데 착안해서 수계식을 할 때 모두 한복을 입으면 좋겠다고 생각했다. 그때부터 '한복 백 벌 모으기' 원을 세우고 실행에 옮겼다. 그러던 중 십 년 만에 우연히 친구를 만났다. 그 친구에게 한복 모으는 원에 대해 이야기를 했더니 마침 자기가 한복집을 하는데 손님들이 찾아가지 않은 한복이 80벌이나 된다고 하는 것이다. 정말 놀라지 않을 수 없었다. 간절히 원을 세우고 기도하면 이루어진다더니 지금 내가 그렇구나!

많은 사람들은 자기의 소원이 이루어졌을 때 부처님의 가피라고 생각하겠지만 나는 북한 이탈 주민들과 함께 나눌 수 있고 함께할 수 있는 것이 부처님의 가피구나, 깊이 느꼈다.

'부처님! 다른 사람들은 하잘 것 없다고 생각할 수 있는 이 모든 것이 저에겐 너무나 소중하기에 저의 소원을 들어주시는 것 같아 너무 감사드립니다.' 부처님을 향해 합장을 했다.

수계식에서 한복을 입는다고 했더니 예쁘게 한복을 한번 입어보고 싶다고 북한 이탈 주민들이 불교 법당으로 몰려왔다. 그때 그 환희심을 어떻게 말로 표현을 해야 할까. 지금도 수계식은 계속 진행되고 있으며 북한 이탈 주민들이 한복을 입어 볼 수 있는 제일 좋아하는 시간이기도 하다. 그 결과 지금 불교 법당에는 백 명이 넘는 북한 이탈 주민들과 함께 법회를 한다. 11년 전과 비교할 수 없을 만큼 포교가 활성화 되어 있고 종교 활동 중 불교가 랭킹 1위를 달리고 있다.

한 순간도 잊을 수 없는 북녘 땅에 두고 온 사랑하는 가족들, 비록 조국을 탈출했지만 잊을 수 없는 고향 하늘 부모형제, 얼마나 그리울까? 얼마나 보고 싶을까? 얼마나 만나고 싶을까? 그들을 생각하면 가슴이 먹먹해지고 지금 내가 너무 많은 것을 누리고 살고 있는 건 아닌지 살펴볼 때가 있다.

많은 사연들을 간직하고 있지만 시간이 가도 가슴이 아리는 이야기들이 있다. 한국에 와서 잘살고 싶다는 마음 하나로 한 가족이 왔지만 아빠가 간암으로 세상을 떠나고 말았다. 아들은 초등학교 3

학년이었다. 설 다음 날 새벽 3시에 남편이 사망했다고 부인에게 전화가 왔다. 부랴부랴 알려준 장례식장에 가보니 세상에서 제일 초라한 장례식을 치르고 있었다. 일반 장례식장이 아닌 병원 건물 옆에 달려있는 초라한 방이었다. 장례식장엔 달랑 두 사람, 아들과 엄마만 하염없이 울고 있었다. 나를 끌어안으며 "포교사님! 우리 이제 어떻게 살아야 합네까"라며 통곡을 하는데 말없이 셋이 부둥켜안고 그냥 엉엉 울기만 했다. 장례식이 끝나도 문제였다. 안치할 곳이 없었다. 돈은 당연히 없다. 내가 알고 있는 스님께 연락을 해 도움을 청했다. "스님, 우리 북한 이탈 주민은 돈이 없습니다. 제발 좀 도와주세요. 49재도 해주시고 납골당이 있으니 안치도 좀 해주세요."

일방적으로 떼를 쓰다시피 간곡히 말씀 드렸더니 스님께서 흔쾌히 승낙을 해주셨다. 지금 생각하면 실소가 날 지경이다. 어떻게 그런 용감한 떼를 썼는지. 그러나 그때 그렇게 쓴 떼가 '내 평생 최고의 가치 있는 떼'가 아니었나 싶다. 그때 그 감정은 아무도 모를 것이다. 그때는 마냥 울면서 "스님 너무 너무 감사드립니다" 이 말밖에 나오지 않았다.

더욱 감사한 일은 장례식장에 있는데 너무나 우연히 인연 있는 스님께서 전화를 주신 것이다. 부처님오신날 탈북민 아이들 장학금을 주고 싶은데 추천해 달라는 말씀이었다. 소스라치게 놀라지 않을 수 없었다. 당연히 돌아가신 분의 아들을 추천해줄 수밖에 없지 않은가. 정말 부처님의 가피가 아니면 어떻게 장례식장에서 모든 게

해결이 될까. 부처님의 가피가 뿜어져 나왔다고밖에 표현할 길이 없
다. 스님께서 흔쾌히 지원을 해주겠노라고 약속을 해주셨다. 그렇게
해서 이 세상에서 제일 슬픈 장례식을 마무리 할 수 있었다.

부처님께서 맺어주신 특별한 인연, 더 정진하라는 뜻의 북한 이
탈 주민들과의 만남, 부처님을 만난 것은 이 세상 그 어떤 귀중한
것이 있다 한들 바꿀 수 있을까. 그러고 보면 부처님께서는 나를 참
이뻐하시는 것 같기도 하다. 왜냐하면 특별하고도 가슴 아픈 사람
들의 엄마가 되어 주라고 이런 인연을 만들어 주셨으니까 말이다.

많은 북한 이탈 주민들이 사선을 넘어 한국에 도착했는데 하나원
에서 종교활동을 하다가 부처님 가르침을 듣고 세상 속으로 나와서
잘 정착하며 살아가는 모습을 볼 때, 나에게 부처님 법을 만난 것은
내 인생의 최고의 히트작이라는 생각이 든다. 또 북한 이탈 주민들
의 아픔을 나의 아픔으로 여겨 눈물을 닦아주는 손수건이 되게 해
주신 '포교사'라는 세 글자는 부처님께서 주신 최고의 선물인 것 같
다. '부처님, 저 앞으로도 이뻐해주실 거죠?' 마음으로 애교도 한번
부려본다.

몇 년 전 일이다. 하나원에서 불교를 접했던 북한 이탈 주민 한 명
이 수료 후 탈북인 처음으로 스님이 되셨다. 이곳에서의 인연이 너
무나 소중하다는 것을 절실히 느끼게 한 일이었다. 더 많은 북한 이

탈 주민들이 불교와 인연이 되어 남과 북을 이어주는 교량 역할을 하고 통일이 된 후에 가족들에게 부처님 법을 전할 수 있기를 기도해본다. 아무도 없는 남한 땅에서 외로움과 불안함에 떨고 있을 북한 이탈 주민들이 조기 정착에 성공할 수 있는 것은 오로지 부처님 법 만나는 길이 아닌가 생각해본다. 오늘도 나에게 어떤 전화가 걸려올까. '부처님, 그들의 눈물을 닦아주는 큰 손수건이 되겠습니다.'

모든 북한 이탈 주민들에게 전하고 싶다.

"불교는 가족입니다. 여러분 힘내세요. 그리고 사랑합니다."

교정교화전법단상

삼보에 귀의합니다

김영철(가명)

때 이른 봄소식에 한꺼번에 터진 봄꽃들의 성급함을 나무라듯 비가 대지를 적시고 있다. 어쩌면 사람 살아가는 인생살이가 이와 같지 않을까 하는 생각에 입꼬리가 올라간다. 벚꽃이 금방 질 것을 알지만 우리가 벚꽃을 이토록 아름답게 바라보는 이유와 지혜를 헤아려본다.

욕심내고 화내고 어리석음으로 가득찬 마음으로 내가 가진 행복은 보지 못하고 남들이 가진 것만 부러워했다. 일확천금을 얻겠다는 헛된 욕심과 내 집착만을 채우려다가 한순간 크고 씻을 수 없는 죄업으로 10년형을 선고 받고 9년 가까이 영어의 몸으로 지내고 있는 어리석은 중생이다. 수인이 되고 나서야 얼마나 한심한 인생을 살았는지 뒤돌아 볼 수 있었다. 못난 나로 인해 부모님과 가족들에게 돌이킬 수 없는 마음의 상처를 드린 것이 송구스러워 밤잠을 잘 수가 없다. 형용할 수 없는 절망, 슬픔과 자괴감으로 그저 죽기만을 바랬다. 지금도 그때를 생각하면 모골이 송연해진다.

모든 것을 포기하고 무의미한 삶의 회의로 절망적인 나날을 근근

이 이어가던 내가 다시금 건전한 사회인으로 살아야겠다는 의지를 갖게 된 것은 오직 변함없이 나를 믿고 사랑해주신 부모님과 그리고 부처님과의 만남이었다.

암울한 현실과 괴로움을 피하기 위한 방편으로 부모님과 같이 다녔던 사찰들의 기억을 떠올리고 불교 법회에 참석했다. 법당에 들어서는 순간, 부처님을 뵙는 순간에 알 수 없는 이유로 가슴이 먹먹해지고 눈물이 앞을 가렸다. 법당 입구에서 엎드려 우는 나를 교도관님과 동료 불자들은 가만히 지켜만 봐주었다. 지금도 그때 아무 일 없듯 나를 대해주었던 분들에게 감사한 마음이 크다. 그렇게 울고 나니 민망한 마음도 있었지만 가슴 속 묵은 때가 씻긴 것 같은 시원함에 한결 몸이 가벼워지는 것을 느꼈다. 법회 시간 내내 부처님의 인자한 미소만을 바라봤던 기억이 새롭다.

그날, 스님의 법문은 '방하착'에 대한 말씀이었다. '내려놓으라'는 스님의 설법을 들으니 지금 느끼는 모든 행복과 불행이 모두 다 내마음이 만드는 것이며 죽을 것만 같은 십오 척 담장 안에서의 구속된 삶도 내가 마음먹기에 따라서 달라지는 것인데 그 이치를 깨닫지 못하고 있었음을 자각할 수 있었다.

그런 작은 깨달음을 얻고 난 후 불교 공부를 하게 되면서 부족했던 내 모습들이 주마등 같이 지나갔다. 당시는 몰랐던 오만한 언행과 모자란 생각들이 모두 다 내가 책임지고 살아가야 할 업임을 알고는 아무도 보는 사람은 없지만 부끄럽고 후회스러웠다. 많이 늦었지만 진심으로 참회하고 나도 모르게 쌓이는 헛된 욕심과 이기심을 비우고 내려놓으면서 자신을 바꿔야 한다고 결심을 했다. 바꿀 수 있다고 믿음이 생겼을 때는 차라리 홀가분한 마음이 들었다.

불법을 더 많이 배우고, 배운 것을 실천하고 싶은 마음이 커져갈 즈음 108배를 매일 아침 해보기로 했다. 우선 방에 같이 계신 분들에게 양해를 구했다. 동료 불자에게 얻은 부처님 사진을 머리맡에 모시고 30분 넌서 기상해서 108배를 드렸다. 그리고 그런 나를 이해해 주시는 방 분들에게 감사한 마음에 화장실 청소를 전담해서 하겠다고 마음을 먹었다. 처음 일주일만 해보자고 했던 108배와 화장실 청소는 이제 5년 넘게 이어져오고 있다.

이곳 생활이 힘든 점도 많이 있지만, 매일 108배 수행을 하면서, 불법에 대해 아는 것도 없고 불심도 약했지만 열정만으로 멋도 모르고 시작했던 초심을 되새겨보면 지금의 내가 이렇게 새로운 사람으로 다시 산다는 것이 너무나 감사하고 기쁜 마음이다.

부처님과 불법에 대한 믿음이 깊어질 무렵 청주직업훈련교도소로 이송을 가게 되었다. 2년 과정의 '자동차정비산업기사 1급' 훈련생으로 지원했는데 높은 경쟁률을 뚫고 합격되어 기술 이감을 간 것이다. 나름 열심히 기술을 연마해서 2년간의 교육과정을 무사히 마치고 자격증을 딸 수 있었다.

이어서 CAD 1년 과정 훈련생도 이수하여 시험에 합격하였고, 지게차 면허증도 취득했다. 그 과정 중에 2014년도에는 청주교도소 소장상, 2016년도에는 여주교도소 소장상을 수상하는 영광도 얻었다. 현재는 낮에는 작업장에서 열심히 일을 하고 저녁에 시간을 내서 국어국문학 독학사 시험을 준비하고 있으며, 재분류 심사도 통과해서 2급 모범수로 승급되어서 여주교도소에서 생활하고 있다.

이 모든 것이 대자대비하신 부처님의 인연으로 미망에서 깨어나 내가 지은 업장을 참회하여 용맹정진을 게을리 하지 않고 가슴속 깊이 부처님의 가르침을 담아서 새로운 마음가짐을 가졌기에 가능한 일이었다. 더불어 부모님께 효도는커녕 대못을 박아드린 불효자로써 이곳에서나마 허송세월을 보내지 않고 최선을 다하는 모습을 보여드리고 싶은 작은 소망 때문이었다. 시간의 도도한 흐름을 모를 리 없지만 그 연속선을 연·월·일로 나누어 놓은 것은 인간의 지혜 중 으뜸이지 싶다. 도저히 끝날 것 같지 않은 10년 여의 여정을 이런 핑계, 저런 희망으로 견딜 수 있었으니까.

이제 곧 사회로 복귀할 날이 다가온다. 적지 않은 시간을 격리되어 살아온 까닭에 두려운 마음이 앞서는 것도 사실이지만 또 다른 세상 속에서 부처님의 가르침을 만나서 참으로 값진 삶의 본질을 배우고 있다. 비록 험한 곳에서였지만 오히려 그래서 참고 인내하고, 배려하고, 나와 다른 것이 틀린 것이 아니라는 사실을 알게 되었다.

법정 스님의 여러 말씀 중에 특히 감명 받은 글귀가 있다. 연못의 연잎들이 빗방울을 아래로 흘려보내는 것을 보고 "연잎은 자신이 감당할 만한 빗방울만 싣고 있다가 그 이상이 되면 미련 없이 비워버린다"고 하셨다. 절로 고개가 끄덕여지는 말씀이다. 만약 연잎이 욕심에 더 많은 물을 담으려 했다면 줄기가 꺾어져버렸을 것이다. 세상은 결코 혼자 잘나서는 살 수 없으며, 내 욕심만을 채우려하지 않고 서로 나누고 도울 때 참행복을 얻는 것임을 이제는 알 것 같다. 그로 인해서 나는 물론이고 가족과 이웃 나아가서 공동체가 함께 행복할 수 있다는 것도 정확하게 인지하게 되었다. 부처님의 말씀대로 부모님의 바람대로 진흙에서 피어나는 연꽃처럼 정화되어 새로 거듭난 사람이 되어서 온전한 사회의 구성원이 될 수 있다는 희망을 가지게 되었다.

유수와 같은 시간이 반갑고 기대감을 주지만 그 흘러간 세월만큼 주름을 더해가고 허리가 굽어진 부모님을 생각하면 마음이 무겁고 조급해진다. 매일 새벽 108배를 부처님전에 올리면서 그저 한 가지를 서원드린다. 조건 없는 내리 사랑을 보여주신 부모님께 저로 인해서 다시 한번 환하게 웃으실 수 있도록 저에게 가능한 많은 시간을 남겨주시기만을 간절한 마음으로 기원드릴 뿐이다. 앞으로도 이곳의 다짐을 절대 잊지 않고 탐·진·치와 헛된 망상, 번뇌와 업장을 비우고 올바른 부처님의 제자가 될 것이다.

밖에 있을 때 돈을 많이 벌면 어렵고 힘든 사람을 돕겠다는 생각을 했었다. 그렇지만 봉사는 돈으로 하는 것이 아닌 나의 시간을 남에게 내어주는 행위라는 것을 이곳을 찾아주시는 스님들과 보살님들께 배웠다. 미약하나마 남을 돕고 사는 것으로 부처님의 가르침을 대신하고 싶다.

다시 한번 다짐한다.

희망과 꿈은 깊은 자아성찰과 반성과 후회 속에서 태어난다고 믿는다. 절치부심과 후회를 희망으로, 잘못된 과거를 새로운 미래로 향하는 시금석으로 삼을 것이다. 부처님은 다른 한쪽 문을 열어 놓지 않고는 절대로 다른 쪽 문을 닫지 않으신다. 인생은 삶의 속도가 중요한 것이 아니라 방향이 중요하다는 부처님의 미소가 나를 이끌어주실 것이다. 방하착의 가르침을 마음에 품고 깨끗하게 정화한다는 마음으로 오늘도 108배를 올리고 화장실 청소를 한다.

어느새 길어진 해가 맑은 하늘을 비추고 있다. 그윽한 향 내음이 느껴지는 것은 나만의 착각일까. 두 손을 정성껏 모아본다. 마하반야바라밀, 삼보님께 귀의합니다.

부처님의 손을 잡고

낙철 성인제

나는 김포에 사는 뇌성마비 장애인 불자이다. 내가 어머니 뱃속에 있을 때 어머니께서 무언가를 보고 놀라서 그 영향을 받아 장애가 생긴 것이라고 어머니께서 말씀해주셨다. 부모님은 장애아로 태어난 날 어떻게든 고쳐보려고 서울에 있는 큰 병원부터 산속에 있는 절까지 다니면서 치료 방법을 알아보셨다. 산사에 가서 정성을 다해 기도를 드리던 모습이 기억 속에 남아 있다.

지금도 기억이 생생한 것은 여섯 살 때인 것 같은데 부모님은 도봉산에 있는 암자로 백일기도를 드리기 위해 어린 나를 데리고 갔다. 어려서 아무것도 모르던 때였는데도 산사가 너무나 편안하고 좋았다. 거기 계셨던 보살님들과 놀았는데 날 많이 귀여워 해주셨던 모습이 쉰 살이 된 지금까지도 생생히 기억난다. 그 뒤로 30여 년을 집에서 그저 시간만 보내는, 몸이 불편한 장애인으로 살았다.

36세인 2005년, 장애인불자 모임 보리수 아래를 알게 되었다. 인터넷에서만 활동하다가 공부를 해야겠다는 생각을 하면서 잠시 불교와 인연을 끊고 지인을 통해 알게 된 인천에 있는 기독교 단체 섬

김과 나눔이라는 곳에 갔다. 2006년 2월 중순에 가서 공부를 시작한 지 두 달 후에 중입 검정고시에 합격을 했지만 시험이 끝난 후 다시 집으로 돌아왔다. 다들 잘해주었지만 기독교 단체라 예배에 반드시 참여해야 했고 그것이 부담스러웠는지 예배 시간만 되면 가슴이 답답해져서 견딜 수가 없었다. 이제야 말하지만 가끔씩 인터넷에서 반야심경을 찾아 듣다가 목사님께 혼나기도 했었다.

김포 집으로 와 고입 검정고시를 준비했다. 공부를 도와주는 사람 하나 없이 혼자서 하려니 너무나 힘들었다. 인터넷에 들어가 반야심경을 들으면서 이겨나가곤 했다. 중입 검정고시에 합격한 지 두 달 후인 2006년 8월 초에 고입 검정고시에도 합격했다. 3개월 사이에 두 차례 검정고시에 합격을 하게 되니 너무나 기분이 좋았고 주위 사람들도 놀랍다는 반응을 보였다. 그 기세를 몰아 8개월 후인 2007년 4월 중순에 있는 고졸검정고시에도 합격한다는 각오로 열심히 준비를 했는데 그 과정 역시 만만치 않았다. 중입과 고입은 각각 여섯 과목씩이었는데 고졸 검정고시는 두 과목이 추가된 여덟 과목이었기 때문이다. 시험문제도 어려워서 많이 힘들었지만 반야심경을 들으며 공부를 했다. 시험에 당당히 합격을 하고 내친김에 대학까지 가고 싶어서 준비를 했다. 부족한 부분인 수학과 영어를 집중해서 공부했다. 당시에 조카들이 학습지를 했었는데 그 학습지 선생님이 내 공부를 봐주시곤 했다.

3년간 입학 준비를 하며 온라인으로만 참여하던 보리수 아래 활동을 오프라인으로 범위를 넓혀나갔다. 2008년 6월부터 한 달에 한 번씩 모임에 참석하며 불자로서의 활동을 하며 1년 내내 집에서 시간을 보내던 내 생활 패턴에도 변화가 생기기 시작했다. 마침내 2011년 3월에 한국방송통신대학교 컴퓨터과학과에 입학을 했고 난 생 처음 학교라는 곳을 다니게 됐다.

학교란 곳이 처음이라 학교생활은 순탄치 않았는데 가장 힘들었던 것이 교통편이었다. 김포에서 서울 대림동 학습관까지 출석수업과 시험을 보러 가야했다. 도움을 주실 분이 없을까 찾아보다가 어머니께서 다니는 절의 주지스님께 도움을 요청해보았다. 스님께서 흔쾌히 도와주겠다고 하셔서 너무나 감사한 마음이 들었다. 당시에 용화사 주지스님으로 김포시사회복지관 관장님이셨고, 장애인직업학교를 설립하여 김포시의 소외된 계층을 위해 많은 일들을 하고 계셨다. 그래서 나의 갑작스런 도움 요청도 흔쾌히 받아주셨던 것 같다. 그때는 김포에 장애인콜택시가 도입이 안 되어 있었고 일부 장애인단체들이 운영하는 특수차량이 장애인들의 이동을 담당했던 터라 그걸 이용하려면 많은 어려움이 있었다. 장애인콜택시가 생기기 전까지 스님께서 이동을 도와주셔서 내가 학업을 무사히 마칠 수 있었다.

학업을 하면서 보리수 아래 활동을 하고 시낭송회도 참여하고 회원들과 함께 공동시집도 내고 영화 관람도 하고 스님들과 법회를 하는 등 모임 활동을 이어갔다. 특히 2014년 5월 첫날 내가 쓴 시로 시낭송무대에 올랐던 가슴 벅찬 순간은 지금도 잊을 수 없는 소중한 기억이다. 하지만 그때 세월호 사고로 축제가 아닌 애도하는 분위기로 행사를 치루었다.

2015년 3월에는 회원들의 시들을 모아 《단 하나의 이유까지》라는 공동시집을 냈는데 나도 일곱 편을 썼고 내가 쓴 시가 책으로 나온다는 것에 너무 기뻤다. 연말에는 의미 있게 보내자는 회장님의 말씀에 회원들 역시 동의를 했고, 회장님은 공연을 기획하고 작은 소극장을 섭외하는 등 공연에 참여할 사람들을 정하고 있었다. 뜻밖에 나보고 한번 해보라고 하여 시를 써서 공연에 참여하면서 의미 있게 연말을 보낸 기억도 난다.

2016년 새해 초에는 계절학기 시험을 준비했다. 당시 졸업에 필요한 학점은 2점이었는데 계절학기 시험만 잘 보면 졸업이라 더욱 시험 준비에 집중을 했다. 세 번이나 과락을 했던 HTML/XML이라는 과목이었는데 열심히 했지만 결과는 간신이 학점을 이수하는 수준으로 나와 그것으로 5년간의 대학생활에 마침표를 찍었다. 부모님께 학사모를 씌워드리고 싶어서 먼 길이었지만 부모님을 모시고 졸업식장으로 갔다. 부모님은 너무나 기뻐하며 나를 대견스러운 눈으로 바라보셨다. 내가 씌워드리는 학사모를 쓰고 너무 환하게 웃으셨다. 평생을 근심거리만 드린 것 같아서 죄송했는데 이렇게 나도 부모님께 기쁨을 드릴 수 있구나 하는 생각에 가슴이 뭉클해졌다.

그동안 공부한다는 핑계로 자주 나가지 못했던 보리수 아래 모임도 꼬박꼬박 나가면서 본격적으로 불자로서의 삶을 시작했다. 불교 행사에도 빠지지 않고 참석했다. 2016년 5월 중순에 템플스테이 행사에 처음으로 참여하면서 동해안 쪽으로 첫 나들이를 떠났다. 낙산사에 머물며 부근에 있는 동해안도 구경하고, 회원들과 함께 봉사자로 오신 중앙승가대학교 학생스님들과 이야기도 나누고, 함께 공양도 하면서 유익한 시간을 보냈다. 저녁 예불 때는 법당에서 예불을 드렸는데, '나는 어떤 존재인가'를 생각해보고 어떻게 살아야 올바르게 사는 것인지 부처님께 질문도 해보았다. 저녁 공양을 하고 별관에 둘러앉아 자기소개도 하고 마음속에 담아두었던 이야기들도 하였다. 장애인 지원을 위한 불교계의 역할에 대해 대안 제시를 하기도 하고, 그동안 장애인 복지를 등한시 했던 부분에 대해서 반성을 촉구하기도 했다.

다음날 동이 떠오르기 전 새벽에 예불을 올리고 동해 일출을 보러 산에 올라 붉게 떠오르는 아침 해를 보며 활기찬 하루를 시작했다. 아침 공양을 마치고 낙산사 주위를 산책하고, 회원들과 스님들 그리고 낙산사 템플스테이 담당스님과 티타임을 가지며 1박 2일의 낙산사 템플스테이 일정을 모두 마쳤다. 버스를 타고 집으로 향하는 중에도 많은 생각들이 머릿속을 스치고 지나갔다. 이제 더 이상 불교가 장애인들과 먼 종교가 아니고 항상 장애인들 곁에 있는 친숙한 종교로 남아있을 수 있겠구나 하는 생각도 들었다.

그 후 한 달에 한 번 있는 모임에 나와 회원들과 스님들과 함께 명망 있는 분을 모셔서 좋은 말씀도 듣고 마지막 마무리는 담마빠다 즉 법구경을 함께 낭송하며 마무리 하곤 했다. 담마빠다는 부처님 직제자들에 의해 집성된 초기경전인 빠알리 경전 중에서도 그 성립 연대가 가장 오래된 경전으로 423개의 게송으로 되어 있다. 나는 그 경전을 읽는 순간 순수하면서도 순박한 지혜가 배어나는 것 같아 마음이 편안해졌다.

　그러던 중 보리수 아래 회장님께서 11월 말경에 공연을 하나 기획했으니 참여하라면서 시 두 편을 준비해야 한다고 연락을 주셨다. 또 그 전인 11월 초에 중앙승가대학 축제에서도 시낭송을 하자는 것 아닌가. 그래도 다행인 것은 공연 날짜까지 여유가 있어서 차분하게 준비를 할 수 있었다. 11월 초, 기다리던 중앙승가대학교 축제날이 되어 승가대학에 도착했다. 보리수 아래에서 항상 함께하는 일원 스님과 템플스테이에서 나를 많이 도와준 수진 스님이 계셨다. 두 스님께서는 당시 승가대학 2학년과 3학년으로 계셨는데 반갑게 맞아주셨다. 김포에 살면서도 승가대학에는 처음으로 가보는 터라 모든 것이 낯설었는데 승가대학의 또 다른 2학년 스님께서 학교 구경을 시켜주며 사진도 같이 찍고 즐거운 시간을 보냈다.

　마침내 시낭송 시간이 되었다. 언어장애가 있는 나를 대신해 3학년 스님이 낭송을 시작하자 주위가 조용해졌다. 낭송이 끝나자 관객들은 환호와 박수를 치면서 나를 격려해주었다. 공연이 끝나고 집으로 돌아오는 차안에서, 객석에서 터져 나오는 박수와 환호를 생각하며 흐뭇한 미소를 지었다.

해가 바뀌어 보리수 아래는 새로운 시도를 하게 되었는데 회원들의 시를 모아 음반을 제작하기로 했다. 나 역시 두 편의 가사를 내놓았지만 한 곡만 뽑혀서 음반에 참여를 했다. 음반이 나오고 기념 공연을 하는데 나는 개인 사정으로 아쉽게 공연을 하지 못 했다. 나중에 어떤 행사에서 공연을 하는데 너무 기분이 좋았다. 내가 쓴 노래 가사를 합창단이 부르는 모습은 지금 생각해도 흐뭇하다.

나는 지금까지도 불교가 뭔지 부처님이 뭔지 잘 모르겠다. 그냥 부처님이 좋고 스님들이 좋고 함께 활동하는 회원들이 좋기 때문에 절에 가고 불교를 믿는다. 어느 유명한 산악인이 말했다고 한다. 왜 산에 가느냐고 묻자 산이 거기에 있으니 산에 간다고. 누가 나에게 왜 절에 가느냐 묻는다면 부처님께서 거기에 계시기 때문에 절에 간다고 말할 것이다. 솔직히 다른 보리수 아래 회원들에 비하면 나는 산사 체험을 많이 하지는 못 했다. 그냥 집에서 불교방송을 통해 금강경이나 화엄경 같은 교리 공부도 하고 큰스님들의 좋은 말씀도 들으면서 불교를 하나씩 알아가고 있는 중이다.

앞으로의 계획은 장애인불자 모임 보리수 아래에서 더 열심히 활동하고 지금까지 많이 못 했던 산사체험 프로그램에도 참여해서 부처님을 더 많이 만나 뵙는 것이다.

지혜로운 사람은 항상

히말라야 눈처럼 빛나지만

어리석은 사람은

한밤중 쏘아올린 화살과 같도다

스스로를 경책하고

남에게 자비로운 버릇을 들여라

그것이 칠흑같은 어둠에도

빛나는 별처럼 사는 길이다

금강경이 알려준
작은 깨달음

김진성(가명)

아홉 살 무렵부터 어머니를 따라 교회를 다녔다. 일주일에 세 번씩 다녔고 어머니의 성화에 성경공부도 꽤 했다. 그런데 당시 어렸던 내가 느끼기에도 교회는 왠지 나하고 많이 맞지 않았다. 그 문제로 어머니와 종종 다퉜고 열다섯 살 때쯤부터는 다니지 않게 되었다. 홀가분했다. 그렇게도 읽었던 성격책의 내용은 거의 기억에 없다.

그 뒤 종교와는 아무런 인연이 없이 살아가다 스물여섯에 만난 세 살 아래의 아내와 3년 뒤에 결혼하고 애 둘 낳고 키우며 아등바등 평범하게 살았다. 연애할 때부터 주말에 가끔 나들이 할 때면 항상 유명한 절을 목적지 삼아 다녔다. 또 어디를 다니더라도 도중에 절이 있으면 좀 멀어도 꼭 들렀다. 막상 절에서는 어떻게 해야 하는지 몰라서 그냥 절 안을 둘러보고 법당 안에서 불상을 멍하니 바라보기만 했었다. 그러면 왠지 마음이 편안했다. 아내도 커가는 아이들도 좋아했다. 유명한 절들과 들러야 할 절들은 많았다.

그때 당시 내가 불교에 대해 아는 것은 거의 없었다. 석가모니부처님의 세속 이름이 고타마 싯다르타였고 인도 출신이고 스님들은 결혼을 안 하고 채식만 하고 절에 사는 신비한 분들인 줄 알았다. 결혼 후에 집안에 달마도를 꽤 오랫동안 걸어놓고도 달마가 누구인지 몰랐다. 주위에서 불교에 대해 나에게 알려줄만한 사람들이 없었다.

　모두 부처님오신날에 연중행사처럼 절에 가기는 해도 절에 다니는 것을 잘 드러내지 않았다. 어쩌면 진실을 알려고 하는 나의 노력이 부족했을 것이다. 불교에 관한 책과 유명한 스님의 베스트셀러를 살짝 봤지만 그것뿐이었다. "사람 몸 받기 어렵고 불법 만나기는 더 어렵다"라는 말이 실감된다. 그러다 새로 이사 간 집 근처에 절이 있었다. 집 가까이 절이 있는 복을 받았지만 부처님오신날에 가거나 늦은 퇴근 때면 간혹 들러 법당 안의 고요함 속에서 불상을 멍하니 쳐다보기만 하다가 집에 가곤 했다. 그렇게만 해도 편안했다.

　유명한 분들의 인터뷰에서, 힘들 때 다니는 절의 스님을 뵙고 들은 말씀이 큰 도움이 됐다는 글을 볼 때마다 부러웠다. 나는 지금까지도 스님과 개인적인 대화는커녕 인사조차도 해보지 못했다. TV 다큐 프로그램에서 108배 절에 관한 방송을 보고 조그만 불상을 내 책상에 올려놓고 막연히 따라 하기도 했다. 내 마음 깊은 곳에선 진리의 가르침이나 방향을 갈망했던 것 같다. 하지만 정작 아무런 노력도 하지 않았다. 지금 돌이켜보니 부처님께서 나를 불법 안으로 끌어당기시려고 여러 차례 기회를 주셨는데 내가 어리석게도 알아차리지 못했다. 조금만 관심을 갖고 주위를 둘러보면 불법은 가까이 있었다. 불교TV, 불교라디오, 불교 인터넷 등 방법은 많았다. '지금 당장부터'라는 절박함이 내게 없었을 뿐이다.

산다는 게 뭔지도 모른 채 살다가 내 나이 마흔다섯인 2015년 8월, 어떤 계기로 구속됐다. 아내와 가족 그리고 평범한 일상의 소중함과 감사함을 뼈저리게 알게 됐다. 많이 울면서 후회했지만 늦었다. 지금도 또 앞으로도 계속 뉘우치고 참회하고 울게 될 것이다. 그 모든 것들. 나의 전부라고 여겼던 것들이 한꺼번에 사라지면서 절망에 빠졌다. 그러면서 나라는 관념과 집착들이 조금씩 사라졌다.

재판이 진행되면서 마치 오랫동안 기다렸다는 듯 불서들이 내게 다가왔다. 나도 때가 된 것처럼 주위에서 손에 잡히는 대로 불서들을 읽기 시작했다. 스님들께서 내신 법문집, 산문집, 여러 법요집들, 불교 관련 신문들과 경전 등등. 내 상황 때문이었는지는 몰라도 마치 메마른 땅에 물이 스며들 듯 나에게 쏙쏙 들어왔다. 아무리 읽어도 질리지가 않았고 그렇게 불서들을 읽으면서 끌려 들어가는 나를 보았다. 어느 스님의 표현처럼 전생에도 불자였다는 것이 느껴졌다. 그리고 모든 것이 나의 무명과 탐진치 때문이었다는 것을 알게 됐다. 내 탓이고 내 잘못이었다.

1심 재판은 6개월이 걸렸고, 징역형 12년을 받았다. 나도 변호사도 전혀 생각하지도 못했었기에, 내가 그렇게 큰 죄를 지었는가 싶기도 해서 큰 충격을 받았다. 숨을 쉬고 있는 게 부끄러웠고 많이 절망했다. 시한부 인생을 진단받은 환자처럼 나에겐 사망선고 같았다. 나라는 관념과 집착들이 부질없음이 실감됐다.

항소를 했고 4개월이 흘렀고 결과는 같았다. 상고했다. 그 과정에서도 끊임없이 불서를 읽었고 읽을 게 계속 생겼다. 그때부터 지금까지 나의 수준과 시기에 맞는 불서들이 끊어지지 않고 나와 인연이 되었다. 그때쯤 손바닥만 한 크기의 우리말 금강경이 나와 인연이 됐다. 그 책에는 금강경을 100번 읽으면 소원이 이뤄지고 맨 뒷장에는 읽은 횟수를 체크할 수 있는 공란이 있었다. 소원이 이뤄진다는 게 믿어졌다. 상고심 재판이 끝나기 전에 금강경 뜻과 내용은 알지도 못한 채 간절한 마음으로 100번을 읽었다. 기대가 컸던 상고심 결과는 기각됐다. 마음이 심하게 요동쳤다. 요동치는 마음 물결 아래는 어떤 담담함도 있었다. 모든 것이 내 잘못이었고 나의 업보였다. 하지만 절망했다. 덕분에라는 표현이 적합한지는 모르겠지만 덕분에 난 조금 남아 있던 미련들과 나라는 관념, 집착에서 강제적으로 떨어지게 됐다.

그 뒤로 계속 지금까지 매일 불서를 읽고 사경하고 108배를 하며 어리석었던 지난날들을 뉘우치고 참회하고 있다. 눈물이 나면 울면서. 하루라도 불서를 읽지 않으면 무언가 불안하다. 취침시간이 되고 모두가 잠들어 사방이 고요해지면 다시 불서를 읽거나, 참선이나 명상이라는 표현이 조심스럽고 부끄럽지만 눈을 감고 앉아서 고요하려고 노력한다. 매일 이 시간만이 기다려진다. 이때가 가장 좋다.

　내가 불교에 대해 잘 알지는 못하지만 상고심 때 금강경을 100번 읽으면 이뤄진다는 소원이 이미 이뤄졌다는 사실을 지금은 안다. 그때 내가 바랐던 소원은 어떻게든 좀더 빨리 아내와 아이들 곁으로 평범한 일상으로 돌아가는 것이었다. 하지만 나의 무명과 탐진치가 그대로인 채로 돌아간다면 더 큰 고통들이 발생했을 거고 그건 나에게 아무 의미 없다는 것을 깨달았다. 가족과 일상으로 돌아가는 일보다 더 중요한 일이 무엇인지 알았다. 물론 지금도 항상 가족의 품으로 하루라도 빨리 돌아가고 싶은 마음이 크다. 하지만 내가 돌아가고 싶은 그때의 인연들과 시공간은 흘러갔다. 돌아갈 수 없다.
　이곳이든 그곳이든 살아가는 조건들은 별반 다르지 않다. 어떤 면에서 불법을 공부하려는 입장에서 보면 이곳의 상황들, 예를 들면 세상의 많은 유혹들과 번뇌와 욕망의 근원인 인간과의 관계에서 철저히 차단되어 심하게 단순하고 변화가 생길 수 없는 일상, 선택하는 고민이 전혀 필요 없는 의식주 조건들은 수행에만 몰입하고 싶은 이들에게는 복일 수도 있다.
　지금은 금강경을 100번 읽을 때보다 더 많이 금강경을 읽는다. 금강경 제목만 보거나 들어도 그때의 간절했던 마음이 생생히 느껴진다. 좀 더 일찍 불법을 알았더라면 이곳에 오지 않았을 텐데 하는 아쉬운 마음도 있다. 그러나 이제라도 알아가게 된 것도 너무나 감사하다. "불법을 공부해야 하는 사람은 어떻게든 공부하게 된다." 어느 스님의 말씀처럼 지금까지 모든 불연들이 나에 대한 부처님 관심이었다는 것도 안다. 또 불법을 알아갈수록 간절한 마음으로 기도하면 가족을 비롯한 모든 일체중생이 평안해지는 데 도움이 된다는 것도 믿는다.

나는 앞으로 계획이나 희망 같은 것은 없다. 지금 이 순간, 참회하고 기도하고 불서 읽는 것이 내가 할 일이다. 그렇게 불법을 믿고 살아가면 팔성도에 어긋나는 행위와 생각들은 하지 않으리라는 것을 믿기 때문이다. 불법을 공부하는 데 좋은 스승을 만나는 것이 꼭 필요하다지만 그렇지 못할 경우 좋은 스승에 버금가는 분들의 책을 읽는 것이 도움이 된다고 들었다. 책들 중 최고는 경전이고 좋은 책들은 무한이 많다. 항상 불법에 감사함을 간직한 채로 불서를 스승 삼아 계속 불법을 배워가려 한다.

동국대학교총장상

나의 군대 이야기

현광 김대홍

불교에 대한 나의 첫 기억은 법당에서 할머니를 따라 절을 하던 어릴 적 모습이다. 그것이 뭘 의미하는지도 모른 채, 그저 흉내 낸 것에 불과한 그 행동에 그곳에 있던 스님이나 사람들이 무척 귀여워했었던 기억이 떠오른다. 여러 사람에게 둘러싸여 좋은 관심을 받은 그 느낌이, 어린아이였던 내게 좋은 인상을 준 모양이다.

초등학생이나 중학생 때에는 딱히 불교와 관련 있는 삶을 살았다고 할 수는 없다. 가끔 명절 때나 부처님오신날에 부모님이나 할머니를 따라 절에 방문했던 것을 제외하고는 특별히 기억나는 신행 활동을 한 적은 없다. 하지만 신기한 인연인지, 첫 번째 입시 경쟁에서 좌절을 맛보고 두 번째 도전에서, 나는 한 번도 종교와 관련된 학과에 진학하고 싶다는 생각을 가져본 적 없었으면서도 동국대학교 불교학부에 지원했다. 물론 불교학에 대한 특별한 목표나 목적을 가졌던 건 아니었지만 거부감 없이 물 흐르듯 원서를 내고, 불교대학 학생이 되었다. 처음에는 동기 중에 또래 스님이 많은 것과 그들과 같이 함께 학과 행사를 진행할 때 다소 낯선 느낌이 들기도 했지만 불교대학 내 소모임이었던 불교유적답사학회 부장을 맡고, 진전회 등 여러 친목을 다질 수 있는 동아리에서 활동하며 법우들과 자연스럽게 가까워지면서 어색한 느낌은 금세 사그라졌다.

스님들과 함께 수업을 듣고 학교에서 가방을 메고 바쁜 걸음을 재촉하던 그들의 모습이 낯설게 느껴지지 않았을 즈음, 재수한 탓에 동기 중에선 비교적 나이가 많은 편에 속했던 나는 비교적 빨리 입대를 고민해야 하는 상황을 맞았다. 그 당시에 이미 전역을 한 복학생 선배들이 다양한 유형의 군복무를 고민하던 내게 추천해주었던 것 중 하나가 불교 군종병이었다. 자세히 알지 못했던 군종병에 관해 설명을 듣고 나니, 군종병으로 군복무를 하고 싶다는 생각이 들었다. 비전투병과로서 일반적인 다른 육군보직보다는 몸이 편하다는 사실도 내 마음을 흔든 것이 사실이다. 그렇지만 그보다 더 구미를 당겼던 것은 대학에서 전공한 것을 군대에서 활용할 수 있고, 군종병으로 복무한 경험이 전역 후 학과생활을 할 때 좋은 영향을 줄 수 있다는 점이었다.

2016년 10월 10일 군종 특기를 받고, 사회에 대한 아쉬움을 뒤로한 채 육군훈련소로 입소하게 되었다. 군종병들은 5주간의 훈련소 교육을 마치면, 종합행정학교라는 곳에서 2주간의 후반기 교육을 받는다. 교육을 받는 동안 앞으로 군 생활을 하게 될 근무지가 각각 무작위로 배정되기 때문에 우리가 가게 될 후보지에 대해 군

pc로 찾아보고 조사하기 바빴다. 당시 기독교와 불교 군종병들은 2개 종교에서 공통으로 나온 한 곳의 후보지에 초점을 맞추고 본인만은 그곳에 배정받길 바라지 않으며, 장난 반 진심 반으로 저마다의 기도를 하곤 했는데, 모두가 기피하는 그곳은 바로 육군훈련소였다.

육군훈련소는 한 번의 종교행사에 평균적으로 3천 명의 훈련병들이 한꺼번에 운집하기 때문에 다른 곳에 비해 준비해야 하는 것이 많고, 성례식 역시 다른 일반 사단과는 다르게 3주에 한 번으로 비교적 많은 편이었던 터라 군종병들 사이에서는 군종계의 GOP라는 말이 떠돌며 기피 1순위였다. 무작위로 배정된 자대배치 결과가 나오는 당일, 어김없이 누가 육군훈련소로 갈지 서로에게 장난을 치던 중 교육관 스크린에 비친 내 이름 옆에는 '자대 : 육군훈련소'라는 글자가 떠있었다. 혼자라서 외롭지는 않겠다며 슬픈 표정을 한, 역시 자대가 육군훈련소로 나온 기독교 군종병과 함께 2016년 12월 1일 그렇게 육군훈련소를 떠난 지 2주 만에 다시 그곳으로 되돌아가 본격적인 군생활을 시작했다.

육군훈련소 호국연무사는 최대 5천여 명까지 수용 가능하다. 군사찰 중에서 제일 규모가 큰 대웅전 외에도 3개의 법당이 더 있다. 선임 군종병으로부터 건네받은 인수인계서에는 4개의 법당에 설치된 각종 음향, 조명 기계를 조작하는 법과 법당마다 시행하고 있는 월중행사에 대한 빼곡한 준비사항들이 있었다. 그렇지 않아도 갓

전입해 온 이등병의 움츠러든 어깨를 더욱 움츠러들게 하기에 충분했다. 시간은 역시 약이었던 걸까. 전입 온 지 얼마 지나지 않아, 선임군종병이 전역을 했다. 혼자서 법당 생활을 하며 예상치 못한 문제들에 부딪히고, 해결하는 과정을 반복했다. 처음에는 나 혼자서 도저히 버거워 못할 것 같던 일들이 이제는 눈 감고도 할 수 있을 만큼 익숙해졌다. 시간이 지나면서 막연한 두려움은 오늘도 해냈다는 보람과 즐거움으로 바뀌었다. 가슴에 초라한 한 줄을 달고 있던 이등병에서, 어느새 가슴에 붙어있는 계급장 오버로크를 다 가릴 수 있는 넉 줄의 병장이 되었다. 남은 전역일이 두 자릿수를 바라보게 된 지금, 법당 생활을 돌이켜보니 크게 몇 가지 부분으로 살펴볼 수 있었다.

신병 육성에 초점이 맞추어져 있는 육군훈련소에서 특히 강조하는 생활은 바로 종교 활동이다. 내가 훈련병이었던 시절을 되돌아보면, 훈련병들에게 종교 활동 시간은 입대 후 갑자기 바뀐 주변 상황에 대한 불안감을 조금이나마 떨쳐낼 수 있는 즐거운 도피처였다.

훈련소의 각 종교에서는 4주에서 5주 동안만 머무르는 훈련병들에게 엄숙한 종교 활동을 진행하기보다는 '종교의 문턱'을 낮추어주는 노력을 하는 데 주목한다. 작년에 조사된 바에 따르면 종교를 가지고 있는 대한민국 국민의 비율은 50% 정도이다. 그런데 훈련소 내에 있는 장병들의 종교행사 참석률은 약 97% 정도이다. 물론 종교행사 때 나누어주는 부식이 그 비율을 높이는 데 도움이 됐겠지만, 그것을 고려하더라도 압도적으로 높은 행사 참여 비율의 원인은 훈련소에서 강조하는 종교 활동의 주목적이 앞서 말한 그들에게 종교로 입문하는 문턱을 낮추어주었기 때문이라고 생각한다.

육군훈련소 법당에서는 법사님께서 법문을 해주시고, 법문이 끝난 뒤에는 찬불가 공연 팀이 훈련병들에게 찬불가를 소개하고 함께 노래하고 춤추는 시간을 갖는다. 그러다 보니 훈련병들이 다소 법당 내에서 들떠있는 상태일 때가 많았고, 혹여 법당 내에서 벌어질 수 있는 사고를 예방해야 하는 입장인 나는 훈련병들을 엄격하게 통제할 때가 많았다. 매주 다른 훈련병들이 법당을 찾아오고 그들을 통제해야 하는 입장에서 시간이 지날수록 훈련병들에게 언성을 높이기 일쑤였고, 그들을 통제한다는 빌미로 쌓인 분풀이를 할 때도 있었다.

그러던 어느 날, 여느 때와 같이 마이크를 들고 언성을 높이고 훈련병들을 통제하는 내게 주말마다 나와 도와주던 친한 주말 군종병 중 한 명이 내게 이렇게 묻는 것이다. "형은 평소에는 착한데 왜 법회 때는 항상 화가 나 있어?" 그 당시에는 그냥 웃고 얼버무렸지만, 끝나고 생각해보니 시간이 지날수록 훈련병들에게 짜증을 내는 일이 잦아졌음을 알 수 있었다.

나 역시도 법당에 가서 종교 활동을 하는 것이 한 주간 힘든 훈련으로 쌓인 스트레스를 푸는 일이었는데, 불과 몇 개월이 지났을

뿐인데도 그런 마음은 온데간데없고 훈련병들을 통제해야 한다는 생각만 있어서 종교행사를 즐기지 못했음을 깨달았다. 자칫 청년 포교의 장을 내 태도 하나로 방해할 수 있겠다는 생각이 들었다. 친한 군종병의 별 뜻 없이 던진 물음 덕분에 깨달았다. 이후 훈련병들을 대하면서 좀더 따뜻한 시선으로 그들을 바라볼 수 있게 되었다. 한 명도 빠짐없이 훈련병들을 조용하게 통제하는 것이 내 역할이라는 이기적인 생각을 버리고 그들을 바라보니, 단지 변한 것은 내 마음가짐뿐인데, 그들은 나름대로 열심히 종교행사에 참여하고 각자의 신행 활동을 하고 있다는 걸 볼 수 있었다. 내가 어떻게 바라보느냐에 따라 그들은 예의 없고 시끄러운 사람이 되기도 하고 즐겁게 종교행사에 참여하는 사람이 되기도 한다. 이렇게 느낀 후 나 자신을 낮추고 훈련병들을 대할 수 있게 된 덕분인지 요즘은 나도 훈련병이었을 때처럼 그들과 함께 즐겁게 종교행사에 임하고 있다.

그동안 육군훈련소에서 군종병으로 일하면서, 법당 내 여러 번의 크고 작은 행사들을 준비해왔다. 작게는 매주 법사님이 주관하는 훈련병 종교행사나 외부의 큰스님들을 모시고 수계식을 진행하였고, 크게는 불교 행사의 꽃인 부처님오신날이나 작년 9월에는 전국 포교사 3천여 명이 모인 팔재계 수계대법회를 준비했다. 처음에는 법사님과 사무장님께서 모두 계획을 짜주시는 데도 항상 행사를 준비하면서 막막한 감정이 들었다. 행사 당일에 실수를 저지를지 모른다는 두려움에 사로잡혀 눈앞에 해야 할 일에 집중하지 못하기도 했다. 물론 행사를 성공적으로 치르고 나면 그 기쁨은 두려움만큼 컸지만, 항상 일을 앞두고는 긴장하기 일쑤였다.

그러던 어느 날 훈련병을 위한 《부처님 말씀》이라는 책에서 두려움을 극복하는 방법에 대한 구절을 보았다. 그 순간을 기점으로 이런 나의 성격은 많이 변했다. 읽었던 구절 가운데서 특히 기억나는 부분은 부처님께서 선정에 들 때 주위에서 맹수가 접근하는 상황을 대처하며 말씀하신 부분이다.

그때 부처님은 두려움이나 공포감을 느끼고 그 자리를 피하기보단 그대로 앉아있는 상태에서 실체 없는 감정이 사라질 때까지 감정을 직접 마주하며 그 자리에서 묵묵히 견디셨고, 그 힘으로 깊은 선정의 경지를 차례로 성취하셨다.

이 구절을 읽자, 내가 행사를 준비할 때 느꼈던 막연함, 두려움이란 감정은 그 일이 지닌 속성이 아니라, 단지 실체 없이 생겨나 다가왔지만 곧 없어질 감정이었다. 어떤 일이 하기 싫다고, 두렵다고 또는 무섭다고 느껴진다고 그 일을 피하려고만 한다면 또 다른 일을 할 때마다 그러한 감정에 휘둘릴 수밖에 없다. 하지만 그냥 묵묵하고 담담하게 그 일을 마주하고 성취해낸다면 다른 어떤 일을 하더라도 그것이 아무리 해내기 어렵고 힘들지라도 더 이상 그런 감정에 휘둘릴 일은 없을 것이라는 깨달음을 얻었다. 이런 마음가짐을 갖게 되자 신기하게도 행사를 준비하고 진행하는 일들이 수월해졌다. 정확히는 그것을 준비하는 동안의 내 감정이 많이 차분해졌다. 이것이 남들이 흔히 말하는 긍정의 힘인가 싶기도 하다. 행사를 계획하고, 준비하고, 시행하는 일련의 모든 과정은 똑같은데, 내 마음이 변한 사실 그 하나로 크고 작은 행사들이 더 이상 내게 두려움이 아니었다. 막연한 감정을 느끼는 일이 확연히 줄어들었고, 더 나아가 '얘는 착하다' '얘는 나쁘다' 따위의 주변을 바라보는 나의 이분법적인 시각에서도 역시 벗어날 수 있었다. 주변 상황과 사람은 바뀌지 않았지만 단지 내 마음이 바뀐 것인데 말이다.

종종 불교 군종병으로 입대한 훈련병들이 육군훈련소 군종병의 장점을 물었을 때 대답하는 것 중 하나가 많은 스님을 만날 수 있다는 것이다. 크고 작은 행사를 준비하며 신문이나 방송으로만 뵐 수 있던 큰스님들을 만나 뵙고 대화를 나누어볼 수 있었다.

대부분의 스님들께서는 대화를 나누다가 내가 동국대학교 교학부에 재학 중이라는 사실을 알게 되면 반가워하며 고맙다고 말씀을 해주셨다. 단지 학교를 다니는 것일 뿐인데 왜 고맙다고까지 말씀을 하는지 이해가 되지 않아서 어느 날은 여쭈어보았다. 스님께서는 점점 많은 젊은이가 애초에 종교 자체에 관심을 갖지 않는 경우가 있는데, 이렇게 젊은 군인이 동국대에서 불교라는 학문을 공부하고 군종병으로 신행 활동을 이어가는 것 자체가 고맙게 느껴진다고 답해주셨다. 그 후에 차분히 생각해보니 정말 요즘 많은 청년은 예전보다 종교를 갖는 경우가 적고 불교 역시 그 영향을 받을 수밖에 없다는 것을 깨달았다. 왜일까 고민해보니, 청년층들에게 포교하는 것이 무엇보다도 어렵기 때문이라는 생각이 들었다.

사람들이 보통 종교를 처음 갖게 되는 계기 중 하나가 인생을 살면서 생긴 불안감을 떨쳐내거나 바라는 것을 이루기 위해서, 나아가 어딘가 의지할 곳이 필요해서라고 생각한다. 이런 측면에서 보면 청년층을 포교하는 데 그 어느 때보다 지금이 적기라는 생각이 들었다. 인구절벽과 취업난 속에 한국 역대 최악의 세대라고 일컬어지는 요즘 청년세대는 외적으로는 공부하랴, 취업 준비하랴 하루하루 버텨내기에 숨 가빠하고, 내적으로는 불안하고 공허한 마음을 가지고 있는 경우가 많다. 이럴 때에 이들에게 종교로서 공감이 되고 의지가 될 기회가 다양해질 수 있도록 불교계에서 청년포교에 많은 관심을 가져야 한다고 생각한다.

부처님께서 중생들에게 제시하신 깨달음의 길을 수행하는 것도 중요하지만, 그만큼 또 혼란스러워하는 중생들을 포교하는 것도 중요하다고 생각한다. 특히 포교하기 힘든 청년들을 포교하는 데 제일 중요한 것은 바로 청년 불자들의 노력이라고 생각한다. 청년들의 아픔을 누구보다도 잘 이해하는 청년들이 불교라는 종교를 그들에게 소개하고 관심을 끌게 할 수 있다면, 청년들은 기꺼이 그것을 받아들일 준비가 되어있다고 생각한다.

이제 곧 사회에 나가 불교학을 전공하고, 아마 앞으로도 불교와 관련된 일을 할 나로서는 스님들께서 감사하다고 표현해주신 것에 오히려 감사한 마음이 일었다. 그리고 나부터 청년포교에 앞장설 수 있어야겠다고 생각했다.

군인 신분으로서, 아직 군종병으로서 내가 포교할 방법은 많지 않지만, 주말에 나오는 주말 군종병들에게 불교에 대한 관심이 전역 후에도 이어질 수 있도록 해보자. 매주 법당에 찾아오는 훈련병들에게 불교에 대해 좋은 인식을 가질 수 있도록 종교 행사가 무사히 진행될 수 있게 노력하자. 작은 것부터 시작할 수 있을 것이다. 사소한 일이지만 내 행동이 타인의 신행 활동에 영향을 끼칠 수 있다고 생각하니 행사를 준비하는 과정에서 무거운 책임감을 느꼈다.

이제껏 겉으로만 부처님을 공경하고 불교라는 종교를 믿는다고 떠들어댄 것일지도 모른다. 불교학을 전공했다고 남들보다 불교적 지식과 지혜를 가진 것처럼 행동했지만, 그저 우물 안 개구리처럼 작은 세계에서 뽐내며 이기적인 존재로 살아왔다. 그러다 우연한 기회에 지원한 군종병으로 복무를 하면서 많은 것들을 체감했다.

33년의 군생활과 더불어 10년의 훈련소 법당 사무장으로 계시며 크고 작은 도움이 필요한 법당 일에서, 도움받기에 앞서 먼저 사람들에게 베풀 줄 아는 베풂의 가치를 가르쳐주신 사무장님. 군대라는 계급이 절대시 되는 조직 내에서도 훈육 대신 아무리 사소한 일에서도 솔선수범하는 모습으로 손수 깨달아 실천하는 방법을 일러 주신 법사님. 두 분에게서는 대학에서 글이나 강의로 배울 수 없는 불교의 가치와 깨달음을 얻었다. 나라를 지키는 일과 더불어 아무나 배울 수 없는 삶의 가치를 깨달을 기회를 군대에서 얻었다.

내가 군생활 하면서 받은 은혜, 배운 지식을 이제는 어느 정도 나름의 방식으로 주변에 베풀 차례가 온 것 같다. 남은 복무기간은 물론 또 전역해서도 그 방식을 고안하여 베푸는 것이 앞으로 나의 신행활동에서 큰 갈래가 될 것이다. 그렇기에 나의 불심은 이제 막 시작되었다.

바
라
밀
상

가장 힘들 때
가장 큰 부처님을 만나다

천진향 신미경

살면서 설마 이런 일이 내게 생기리라고 상상조차 했을까. 2017년 10월 햇살 좋은 어느 가을날, 평소와 다름없이 절에 가서 사시예불 드리고 봉사하고 집으로 돌아오던 길이었다. 도로 한가운데인데 내 몸 반쪽에 힘이 들어가지 않았다. 며칠 피곤해서 그러나 생각하고 부처님전 마음속으로 빌면서 다라니 독송을 염불했다. 한 손으로 어찌어찌 운전을 하면서 집에 도착했다. 평소 건강에 대한 자만심으로 가득했던 나는 대수롭지 않게 생각하고 그냥 넘겼다.

이틀 후 아침, 나는 일어서면 쓰러지고 제대로 서지를 못했다. 계속 바닥에 넘어지는 통에 온 가족은 불안에 휩싸였다. 새벽이라 가까운 동네병원에 문을 두드렸지만 큰 병원에 가라는 얘기를 듣고 종합병원 응급 중환자실에 갔다. 온갖 검사를 받았다. 끝이 없을 듯이 이어지던 검사를 다 받았지만 원인을 찾지 못했다. 어쩔 수 없이 가장 증상이 비슷한 뇌졸중 치료를 받았다.

몸을 제대로 가눌 수도 없었다. 누군가의 도움 없이는 화장실에도 가지 못했다. 가족들과 지인들은 일어서지도 못하고 일그러진 내 얼굴에 절망해서 울고불고 난리였는데, 병에 대해 무지했던 나는 오히려 태평했다. 두려움도 절망도 없었다. 아무 생각 없는 어린아이였다.

그렇게 중환자실에서 일주일 보내고 일반병실로 옮겨졌다. 그래도 혼자 할 수 있는 건 아무것도 없었다. 시간만 흘러흘러 가고 있었다. 잘못 살아오지 않았다. 크게 나쁜짓을 하지도 않았다. 착하게 산다고 살았는데 내게 왜 이런 병이 온 걸까. 절에서 공부할 때 들었던 이야기가 문득 떠올랐다.

스님께서는 병도 인연 따라 온다고 하셨다. 나의 이런 증상이 전생의 인연으로 온 것이라면 지금 내가 할 수 있는 일을 해야겠다는 생각이 들었다. 그때 우리 절에서는 자비도량참법 100회 대정진 기도 중이었다. 그래, 법당에서 참회 기도를 할 수 없다면 여기서라도 참회를 하자. 그 생각으로 책을 가져다 달라 부탁을 하니 스님과 가족들이 가져다주었다.

누우면 누운 채로, 앉으면 앉은 채로 틈나는 대로 참법을 읽기 시작했다. 스님께서는 2~3일에 한 번씩 병실을 찾아오셔서 여러 인연에 의해 올라오는 내 마음을 풀어주셨다. 그 상황에서도 마음공부와 불법에 대한 이야기를 듣는 시간이 제일 좋았다. 어머니는 스님을 보면 그제야 웃는다며 한마디 하실 정도였다. 담당 의사 선생님은 두껍기도 하지만 글이 세로로 된 자비도량참법 책을 보는 것을 보고는 놀라면서, 그 상태에서 책을 읽는 것이 가능하냐고 물었다.

몇 번의 MRI를 더 찍고 나서 병원에서는 신기하다고 했다. 이런 경우는 처음이라는 것이다. 골든타임을 한참 지나 3일 이상 지체되었는데 뇌 손상이 거의 없으며 중요한 혈관은 하나도 건드리지 않았다고 했다. 의사들은 내 상태가 거의 기적에 가깝다는 결론을 내렸다. 다른 사람들 같으면 뇌가 거의 죽어서 의식불명이었을 거라고 했다. 그 순간 나를 비롯한 모든 사람들이 부처님의 가피임을 의심하지 않았다.

며칠 후, 병원에서 퇴원하라는 통보를 받았다. 두려움이 밀려왔다. 괜찮다고는 하지만 나는 걸을 수도 없다. 얼굴은 구안와사 상태로 아직 혼자서 할 수 있는 건 여전히 없었다. 담당 의사 선생님은 지금 병원에서 해줄 수 있는 게 더 이상 없다면서 재활병원으로 옮기는 게 좋겠다고 권했다.

빠르게 재활을 시작할 수 있었다. 도와주는 인연들이 수없이 나타났다. 시방세계 어디든 계시는 부처님처럼. 그렇게 재활을 시작하면서 부처님 가피를 또다시 경험했다. 나의 재활 담당 치료사로 열 분 이상의 선생님들이 배정되었는데, 모두 최고 수준의 전문가였다. 움직일 수 없는 내 몸을, 자꾸만 무너져 내리는 내 마음을 따뜻하게 다독여줬다. 한 마음으로 나를 일으켜 세워주며 애써주었다.

치료사분들이 나에게 근육이 잘 발달되어 있어 회복이 빠를 것 같다고 이야기 하길래, 자신있게 대답했다. "매일 108배하고 해마다 삼천배 한 근육입니다." 부처님이 미리 다 아시고 이렇게 단련시켜 주셨나보다 하면서 웃었다. 그렇게 조금씩 마음을 추스르며 병원생활 3개월째를 맞고 있었다.

그런데 동안거 기도 입재 전날 저녁, 매일 찾아주시던 주지스님께서 벼락같은 말씀을 하셨다. 동안거 기도 동안 절 산문을 나오지 않고 기도하신다는 것이었다. 스님을 못 뵈면 어떻게 하나 겁이 덜컥 났다. 스님은 내게 부처님이시고 포근한 안락처였다. 스님께서는 나를 안아주면서, 전생의 과보라든가 죄업 같은 생각은 일체 하지 말고, 모든 것을 부처님께 맡기고 건강에만 신경 쓰라고 하셨다. 돌아가시는 뒷모습을 뵈며, 기도의 의미가 무엇인지 알았다. 동시에 그것이 바로 나의 동안거 기도임을 깨달았다.

마음 속 모든 것을 비우고 오직 건강 회복을 위해 모든 노력을 쏟았다. 하루 12시간씩, 잠자는 시간을 제외하고 모두 재활 운동 시간이었다. 남편은 운동선수보다도 더 많이 운동한다며 동계올림픽에 나가야겠다며 혀를 내둘렀다. 때로는 눈물 날 만큼 힘들었다. 혼자서는 무너질 것만 같았다. 게다가 주변 사람들의 이런 저런 이야기가 들려올 때면 속상한 마음에 공부했던 날들이 무너졌다. 그때마다 떠오르는 주지스님의 말씀이, 부처님 말씀이, 경전 구절구절이 나를 다시 일으켜 세웠다.

어느 날 올케를 졸라서 동안거 중인 스님을 뵈러 절에 올라갔다.

스님을 뵙는 순간 눈물이 쏟아졌다. 너무 두렵다고 호소했다. 스님께서는 말씀하셨다.

"두렵고 무섭고 고통스러운 것은 당연합니다. 그동안 항상 괜찮다는 말만 해서 걱정이었는데 그 말을 들으니 오히려 안심입니다. 자신의 두려움을 보고 알아차리면 이미 벗어난 것이나 마찬가지입니다. 누구도 대신할 수 없는 일을, 오직 자신의 힘으로 홀로 이겨내는 보살님이 정말 참 수행자입니다. 다른 사람 시선이나, 이런 저런 말들을 일체 신경 쓰지 말고 부처님만 보고 가세요. 그리고 스님 이야기만 들어요."

스님께서 나의 절망과 복잡한 마음을 꿰뚫는 듯이 아는 걸 느끼는 순간, 눈물이 순식간에 사라졌다.

이후 나의 몸 상태는 매일매일 좋아졌다. 의사선생님이나 모든 이들이 놀랄 정도로 빨리 회복되었다. 혼자서 걸어 다닐 수 있게 되었고, 곧 달리기를 시작했다. 이렇게 나 자신과 싸우고 있는 동안, 큰딸 수빈이는 수능생으로 역시 혼자의 힘으로 인생의 전환점을 돌고 있었다. 긴 운동 시간 후 병실에 들어오면 혼자 애쓰고 있을 수빈이 생각에 눈물 마를 날이 없었다. 딸이 가장 힘들 때 아무것도 해줄 수 없는 엄마라서 마음이 찢어지고 찢어져서 더 이상 아플 수도 없을 만큼 힘들었다.

그때, 걱정할 시간에 축복하고 기도해주라고 하던 스님의 말씀이 생각났다. 잠자기 전 딸을 위한 관음정근 천주를 돌렸다. 움직이지 않는 손으로 한 알 한 알 천주를 돌리고 나면 온몸의 에너지가 모두 빠져나가 포기하고 싶은 순간이 온다. 그 찰나에 내게 불빛을 밝혀준 부처님의 가르침이 있어 제자리로 돌아오곤 했다. 병원에 계시는 모든 분들이, 절에서는 스님과 보살님들이 수빈이 걱정을 같이 해주고 기도해주셨다. 덕분에 우리 가족은 가장 힘들고 어려운 시기를 서로를 위하며 슬기롭게 보냈다.

힘겨웠던 2017년이 지나고 새해를 맞았다. 나는 거의 정상인과 다르지 않다는 결과를 받았다. 하지만 두려움은 쉽게 떨칠 수 없었다. 또 쓰러지면 어쩌나 하는 걱정 때문에 퇴원을 최대한 미루고 있었다. 그런데 미열이 며칠간 계속 떨어지지 않았다. 검사 결과 독감이었고, 전염을 걱정해서 5일간 집으로 격리 조치를 받았다. 갑자기 강제 퇴원을 하게 되니 처음에는 너무 겁이 나서 처음으로 부처님이 원망스러웠다. 한참을 울고 울었다. '부처님 제게 왜 이러십니까.' 그러다가 이것은 부처님의 다른 큰 뜻이 아닐까 하는 생각이 들었다. 내 마음속의 두려움을 알고 없애주기 위한 공부 말이다.

집에 돌아와서 내 병에 대해 조사했다. 무지했던 나는 공부를 하면서 기존의 모든 생활 습관을 바꾸었다. 현미밥과 채소생식을 시작하고 절에도 나가 기도하고 봉사했다. 지금 나의 기도와 봉사는 감사고 행복이다. 이 육신이 움직일 수 있어서 봉사와 기도할수 있으니 너무 감사한 삶이다. 생식 두 달이 지난 오늘, 병원에서 모든 수치가 매우 좋은 상태여서 약을 끊어도 된다는 완쾌 진단을 받았다. 감사하고 또 감사한 일이다.

시간이 흘러, 지금은 과거 지나간 시간이 물 흐르듯 보인다. 그래서 진심으로 감사의 기도를 올린다. 모든 것을 변화시킬 수 있는 젊은 나이에, 스스로 이겨낼 힘이 있을 때, 또한 부처님 가르침과 참스승의 귀한 자비의 끈을 잡고 있을 때 내게 온 병고의 인연에 감사한다. 살아 있는 것에 감사하고 나를 낮추는 제대로 된 불제자의 삶을 살아길 수 있는 전화위복의 기회를 주신 부처님께 감사한다. 모든 순간, 부처님 가피 가득했던 지난 5개월의 삶에 감사한다. 어떠한 일이 있더라도 부처님의 가르침 놓치지 않을 것이다. 내게 부처님의 화신으로 오셨던 모든 님들께 가장 힘든 시간에 제게로 나투신 부처님께 지심 귀의한다.

못난 딸자식 걱정과 뒷바라지에 눈물 흘리며 잠 못 이루셨던 부모님, 상계동 형제들, 힘든 시기를 혼자서도 잘 넘겨준 수빈이 성훈이, 그리고 석관동 어머님 아버님 가족들께 감사드린다. 그리고 늘 희망이신 부처님, 안거 기간 중 너무도 애써주신 인생의 큰 스승이신 우리 절 주지스님께 삼배 올린다. 우리 절 관음선원 가족들께 감사드린다.

꽃 봉우리 맺는 봄, 이제 새로운 시작의 첫걸음을 견고하게 다시 딛는다.

바라밀상

부처님 가피로 얻은
두 번째 생명

대도화 류화순

"부처님! 오늘 하루도 감사합니다."

불교와 인연을 맺은 지 어언 30여 년이다. 친가에서 자랄 때는 가난이 무엇인지 몰랐다. 부유한 환경에서 친정어머니 따라 1년에 고작해야 두세 번 절에 다니는 것이 불교라고 생각하고 살았다.

내 나이 20대 초반, 중매로 결혼했다. 9남매 둘째 며느리로 어려운 환경에서 시부모님 모시고 살았다. 삼남매 낳고 가게 하나 방 하나 월세 1만 7,000원으로 분가했다. 막상 분가해서 보니 살길이 막막해 남편은 세탁일을 배워 세탁소를 차렸다. 나는 아이들 업고 남의 집 품팔이, 관공서 빨래 등을 하면서 살았다. 종이봉투에 혼합곡 반 되씩 사서 끼니를 해결했다. 오래되고 낡은 집은 비만 오면 천장에서 빗물이 줄줄 샜다. 벽은 문을 세게 닫으면 흙이 흘러 내렸다. 그 소리들로 밤에는 깊은 잠을 이루지 못했다. 타 종교인이 매일 집에 찾아와 교회에 나오면 세탁소 홍보도 많이 되고 좋은 일이 있을 거라고 설득을 하곤 했다.

"난 불교를 믿어요."

"불교는 미신을 믿습니다. 우상을 숭배하면 지옥에 떨어집니다. 자매님." 그때마다 난 말문이 막히고 얼굴이 빨개져서 대답을 하지 못했다.

그 무렵, 이웃집 어느 보살님이 집에 찾아왔다. 향림사에서 9월 방생법회를 하는데 함께 가자고 권유했다. 보살님 따라 법회에 참석해 천운 스님의 법문을 듣게 됐다.

"만선萬善이 시작되는 지점은 효孝입니다. 남을 위하며 사는 게 불교입니다."

'아! 이것이 불교였어.'

나는 남편을 졸라 불교대학에 입학했다. 불법승 삼보부터 부처님 생애, 인연법 등을 배웠다. 공부를 하면서도 열심히 세탁일을 하고 조금씩 조금씩 돈을 모아 방 셋 딸린 가게를 마련하게 됐다. 얼마나 기뻤던지, 세상을 다 가진 기분이었다.

부처님 정법을 배워가면서 온 가족이 보살계를 받았다. 불교대학은 물론 대학원까지 졸업하고 포교사 자격증도 취득했다. 이후 타종교인들이 와서 불교는 미신을 믿고 우상을 숭배하면 지옥에 떨어진다는 말을 하면 당당히 반박한다. 내가 불교 원리를 설명하고 설법을 해서 도리어 불교로 개종하는 사람도 몇 분 생겼다.

부처님 정법을 믿고 오계를 지키며 부처님 사진 한 장 걸어 놓고 매일 정화수 한 잔을 올리고 향을 사른다. 이렇게 하루를 보내며 지내는 동안 어느새 삼남매는 성장했다. 큰딸은 국립대학, 대학원을 학생회비만 납부하고 졸업했다. 아들은 국립대 의대 장학생으로 졸업했고, 막내딸은 사립대 장학생으로 졸업했다. 큰딸은 대학원을 나와 직장 갖기 어려운 시기에 6급 연구직 공무원 시험을 보게 됐다. 21일 동안 깨끗한 마음으로 지장보살님께 108배 올리며 참회와 발원으로 열심히 기도했다. 기도 회향 전날 꿈속이었다. 왼쪽 귀에서 "합격할 것이다, 합격할 것이다" 소리가 들리는 게 아닌가. 깨어보니 새벽이었다. 가만히 생각해보니 참으로 신기했다. 하도 신기해 아무에게도 말하지 않았다.

별일 없던 것처럼 덤덤히 일상생활을 하고 있었다. 오전 10시경, 전화 한 통이 걸려왔다. 전화를 받아 보니 도청 총무과였다. 큰딸이 수석 합격했다는 소식이었다. 전화를 끊고 두 손을 모으고 소리쳤다. "지장보살님, 감사합니다. 조상님, 감사합니다." 가슴이 떨리고 눈물이 핑 돌았다. 그 뒤 큰딸은 연구원으로 일하며 훈장도 받고 5급 사무관으로 승진도 했다. 아들은 장학금을 받고 의학박사 학위를 취득하고 대통령 표창도 받았다. 막내딸도 대학원을 졸업하고 팔공산 기도를 다녀온 뒤 불교종립학교 영어교사로 발령받았다. 근무하면서 사춘기 청소년들을 상담하면서 부처님 가르침으로 안내하고 있다.

이렇게 삼남매가 각자 위치에서 잘 생활하고 인정받고 있는 모습을 보며 지난날을 가만히 돌이켜봤다. 삼남매가 어렸을 때 끼니조차 제대로 먹이지 못했다. 유치원은커녕 학원도 못 보냈고 장난감 하나 사주지 못했다. 정말 짠하고 미안했다. 가슴이 먹먹해진다.

이 자리까지 오게 된 내 버팀목은 큰스님의 법문이었다. "기도는 하얀 천을 염색하듯 부처님의 정법 대로 삶을 살며 부모님께 효를 다해야 한다." 90세 넘으신 양가 부모님께 형편 닿는 데까지 봉양해드린 것이 공덕이 아닌가 가만히 생각해본다.

세탁일을 오래한 탓인지 20여 년 전부터 남편의 오른 손등에 밤톨만한 혹이 생겼다. 정말 고통스러워서 정형외과는 물론 신경외과에 가서 진찰을 받아봤지만 뇌신경과 연결 돼서 수술이 불가능하다고 했다. 남편은 나날이 고통스러워했다. 밥을 먹을 때는 몇 번이고 숟가락을 놓고 손을 주무르곤 했다. 그러던 어느 날 향림사 신도의 전화를 받았다. 무등산 귀봉암에서 관세음보살 점안식을 하는데 같이 가자는 것이었다. 마침 일요일이고 등산도 할 요량으로 나도 간다고 했다. 점안식에 참석하고 돌아온 다음 날 아침, 식탁에서 남편이 하는 말이 참 놀라웠다.

"어제 꿈에 향림사 큰스님이 나오시더라고. 우리 집에 오셨는데 아픈 오른쪽 손등을 보시는 거야. 스님께서 소매를 걷어 올리시고 약 20cm 정도 되는 하얀 칼로 수술을 하시더라고. 핀셋으로 10cm 가량 하얀 실 같은 것을 집어내고 꿰매시더니 '이제는 괜찮을 걸세'라는 말을 남기시고 어디론가 가시는 거야."

이상해서 남편의 오른쪽 손등을 봤다. 혹이 깨끗이 사라져 있었다. 우리 가족들은 모두 눈을 의심했다. 한참동안 식탁에서 말을 잇지 못했다. 누군가 나지막이 말했다. "정말 관세음보살님이 계시나봐…." 고개 숙여 울었다.

여러 일을 겪다보니 이만하면 살만하구나 싶었다. 세탁소 일을 접고 손주들 보는 낙으로 살고 있었다. 아, 시련은 참 예고가 없다.

2006년 9월 16일 밤이었다. 자던 남편의 의식이 가물가물했다. 아니, 의식이 없었다. 깜짝 놀라 서울에 있는 아들에게 부랴부랴 전화했다. "엄마, 빨리 119에 전화해서 대학병원으로 모시고 가세요. 빨리요!" 대학병원으로 달리는 119구급차 안에서 난 아무 생각도 나지 않았다. 망연자실 누워있는 남편 얼굴만 바라볼 뿐이었다. 응급실에 도착해서도 의료진이 묻는 기본적인 상황에 답도 할 수 없었다. 주변에 살고 있는 딸들이 부리나케 달려왔다. CT를 찍은 결과 왼쪽 뇌가 막혀 회생이 불가능하다고 했다. 의료진은 가족의 동의서를 받았다. 남편에게 혈전용해제가 투입됐고, 남편은 중환자실로 옮겨졌다.

지옥 같은 15일이었다. 남편의 의식은 돌아오지 않았다. '내가, 내가 정신을 놓으면 안 돼. 마음 단단히 먹어.' 중환자실 보조의자 앞에서 새벽 4시부터 종이컵에 정화수를 떠놓고 108참회로 100일기도를 시작했다. "부처님! 우리 남편 의식 찾게 살려주세요. 이 생명 다하는 날까지 병 간호하고 남편을 지키겠습니다. 제발 살려주세요."

기도를 시작한 지 한 달이 지났을까. 남편이 눈을 떴다. 사람을 알아보기 시작했다. 말도 띄엄띄엄 했다. 이 병원 저 병원 다니면서 100일기도를 회향하는 밤이었다. 황토물이 맑은 물로 변하고 메마른 땅에 잔디 같은 새싹이 돋아나는 꿈을 꿨다.

어느새 12년이란 시간이 흘렀다. 남의 손에 한 번도 남편을 맡기지 않고 집에서 생활 중이다. 아들, 며느리는 엄마의 고통을 조금이라도 덜어주려고 서울에 올라와 같이 생활하자고 한다. 아들과 며느리도 사회에서 인정받아야 하고 바쁜 생활에 누가 될까 사양했다. 나는 아침예불로 하루를 시작하고 남편은 오후 4시경 금강경을 1독 한다. 남편은 1년 넘도록 하루도 빼먹지 않고 독송 중이다. 광명진언 108번과 반야심경으로 회향하면 머리가 맑아지고 졸음이 없어진다고 한다. 이렇듯 지금까지 병 간호하다 보니 내 체중이 60kg에서 20kg이나 빠졌다. 너무 힘들면 때로는 마음이 서글퍼지기도 한다. 우울증으로 가슴이 답답할 때는 혼자 복식호흡을 하며, 나를 지켜주고 삶의 가치를 심어 준 지장보살님을 소리 없이 부르며 실컷 운다. 울고 나면 가슴이 후련해진다.

지난날을 회상하니 남편이 쓰러지기 전 꿈이 떠오른다. 병원 침대에 누워 수술하는 꿈을 연속 3일이나 꿨다. 어리석어 깨닫지 못하고 남편을 지키지 못했다는 죄책감에 마음이 아파온다. 지난날 아들이 당뇨약, 혈압약을 처방해서 보냈지만 남편이 약을 한 달 동안 복용하지 않았다는 사실을 알게 됐다. 누구나 건강은 스스로 관리하고 점검해야 하지만 뒤늦은 후회와 다짐을 해본다.

가끔 남편을 휠체어에 모시고 밖에 나가면 주위에선 곱지 않은 시선으로 바라본다. 이상한 듯 쳐다보는 시선에서 마음이 서글퍼진다. 더러는 요양병원에 모시라며 그러다 보호자가 먼저 쓰러진다고 한다. 때로는 생을 포기하고 싶을 때도 여러 번 있었다. 그때마다 마음을 잡아준 분은 부처님이다. 위를 쳐다보면 자신이 초라해진다. 밑을 내려다보며 현실에 만족하면 지금의 내 모습, 내 생애의 좋은 길잡이가 되지 않을까.

다행인 것은 딸의 시댁이나 며느리의 친정이 모두 불자라는 사실이다. 감사할 따름이다. 본인들은 전세 살면서 주위에 어려운 이웃들을 조금씩 후원하는 자식을 보면서 너무 고맙다.

남편이 긴 시간 속에 수없이 넘어질 때마다 내 가슴에 폭탄을 안고 있는 것처럼 불안하다. 한 시간도 곁을 비울 수 없는 상황에서 남편이 밤늦게 잠자리에 들면 그때부터 내 시간이다. 의식이 없어 사경을 헤맬 때 부처님께 다짐하고 약속했던 말을 떠올린다. 남편이 아프기 전에 나는 상당히 많은 화주도 하면서 부처님 정법으로 포교했는데 지금은 병간호로 예전처럼 활동이 활발하진 않다. 그래도 남편을 모시고 택시를 탈 때 기사님이나 병문안 오시는 분들에게 이렇게 말한다. "우리 남편은 부처님 가피로 제2의 생명을 얻었어요."

바
라
밀
상

참 좋은 인연입니다

정각행 윤경숙

"여보…" 어렴풋이 들려오는 남편의 애처롭고 다급한 목소리. 13일째 대학병원 중환자실에 누워 있던 내가 막 깨어난 것이다.

한일월드컵 열기로 국민 모두가 붉은악마 복장으로 단장한 채 '대한민국'을 외치던 2002년 9월, 한참 가을이 무르익던 시기다. 당시 남편은 광주에서 애들과 함께 직장생활을 하고 있었고 나는 강진 농협에 다녀서 광주에서 강진까지 매일 자가용으로 출퇴근하고 있었다.

그날도 차를 몰고 출근하던 중에 교통사고가 난 것이다. 내 차가 이십여 센티 두께의 가로수 두 개를 부러뜨리고 최종적으로 전봇대에 부딪쳤다. 세 번의 충돌로 차는 박살이 났고, 그 안에 타고 있던 나도 충격으로 왼쪽 얼굴이 함몰되어 입술이 으깨지며 이가 5개 부러졌다. 눈 위로 이마까지 심하게 패여 뼈가 드러나고 신경손상을 입어 왼쪽 눈이 덮였다. 하지만 무엇보다 컸던 건 세 번의 충격으로 뇌가 전체적으로 손상된 것이었다. 어떻게 손을 댈 수 없는 상황이라서 전남대 병원 중환자실에 의식 없이 누워, 그냥 깨어나기만을 기다렸다고 한다. 그 기간이 10여 일 지나니 내 몸이 굳어가고 있었다. 이를 지켜보던 남편은 죽더라도 여한이 없게 서울 큰 병원으로 가야겠다며 진단서를 발급받았다고 한다. 차로 이동하면 시간이 너무 걸리니 소방 헬기를 동원하기로 하고 산소통과 호흡기까지 준비했다고 한다.

하지만 의사들이 말렸다. 뇌를 다친 환자에게 헬기 이송은 무리라고 설득해서 남편은 결국 포기했다. 중환자실을 오전 오후 30분씩 들여다보며 기다리는 수밖에 없었다 한다. 남편은 중환자 대기실에서 천수경과 지장경을 갖다 놓고 시간이 날 때마다 들여다보며 간절히 경을 읽어 내려갔다. 이러기를 다시 삼일 째. 그날도 남편은 여느 때와 같이 의식 없는 각시를 들여다보기 위해 중환자실을 찾아, 그냥 귀에 대고 "여보! 여보!" 하며 부른 것이다. 나는 그제서야 그 소리를 듣고 깨어난 것이다.

얼마 후 일반병실로 옮겼다. 하지만 마비 증세로 왼쪽 몸을 움직일 수 없었다. 정신도 온전치 못했다. 사고 당시는 물론 최근 2년 정도의 기억이 없었고 상대방과 대화가 되지 않았다. 오직 깨어났음에 감사했다.

재활치료를 위해 2년여 동안 여러 병원을 전전했다. 서울에 가서 눈동자 손상에 따른 교정수술을 하고, 입술을 꿰매고 이 다섯 개를 보철했다. 함몰된 왼쪽 얼굴을 봉합하느라 큰 수술도 여러 번했다. 이후로도 병원과 집을 오가면서 재활 치료를 꾸준히 했다. 남편은 눈이 오나 비가 오나 매일 나를 밖으로 데리고 나갔다. 추울 때는 벙거지 모자에 스키복을 입혀서 나갔다. 나는 당시에 제대로 회복되지 않은 정신 상태이기도 했지만 운동하는 게 죽기보다 싫었던 것 같다. 낭군은 하기 싫다고 눈물을 흘리며 버티는 내게 평생 절룩거리며 살 거냐고 윽박지르기도 하고, 달래기도 하면서 꾸준히 2년 넘게 운동을 시켰다.

무엇보다도 시간이 날 때마다 가까운 절에 들러 부부가 함께 108배를 했다. 신심을 돋우는 데도 필요하지만, 지체장애를 극복하는 데는 절만큼 좋은 운동이 없다. 그래서 불자 아니라도 의사들이 지체장애자들에게 추천하는 운동이 절인 것이다. 그런 결과로 비록 왼쪽 다리에 아직도 편마비 증세가 조금 있지만, 걷는 데는 지장이 없다. 지금도 날이 안 좋으면 머리가 묵직하고 몸 컨디션이 좋지 않아 움직이기에 조금 불편하다. 하지만 생활하는 데는 전혀 지장이 없다.

몸은 정상을 찾아가는 과정에 있었지만 24년 동안 다니던 직장은 접어야 했다. 집에 있기가 무료하여 무언가 새로운 일을 찾던 중에 포교사단 광주전남 지역단으로부터 간사 제의가 들어왔다. 아직은 몸이 완전히 회복되지 않았고 머리도 온전치 못한 상황이어서 거절했다. 그런데 남편이 다른 일도 아니고 불교단체에서 하는 일인데, 자신이 도와줄 테니 하라고 했다. 남편 입장에서는 20년이 넘게 직장 생활하던 아내가 할 일없이 집에 눌러있는 모습이 무료해보여 안타까웠을 것이다. 무엇보다 불교와 관련된 일을 하면 심신 회복에도 도움이 될 거라는 생각이 들었나보다.

나는 고등학교 시절 미션스쿨을 다녔지만 광주 원각사에 주말이면 들리곤 했고, 직장생활하면서도 불교대학을 세 번 다니고 대학원에 이어 포교사까지 취득한 상태라서 불자로서의 삶에는 어느 정도 자신이 있었다. 하지만 아직은 무리가 아닐까 주저했다. 심신이 완전히 회복되지 못한 상황에서 지역단 일을 꾸려나간다는 게 본인의 의욕과 상관없이 자칫 지역단에 누를 끼칠 수 있어서 주위에서도 일부 우려했다. 어쨌든 남편의 설득에 힘입어 지역단 간사를 시작했다.

엉겁결에 시작한 간사 일에는 어려움이 많았다. 포교사에 대한 존재조차 제대로 알려지지 않은 상황이어서, 포교사라고 하니 무슨 절이냐고 묻는 스님도 있었다. 그러니 우리 포교사들이 일을 찾고 홍보해야 했다. 이때부터 스님이 요구하거나 사찰 행사가 있으면 먼저 연락하여 우리가 할 수 있는 일을 알아보고, 적극적으로 도왔다. 주차장 안내에서 설거지까지 궂은 일도 마다하지 않았다.

이때도 일부 포교사는 우리가 이런 허드렛일하러 포교사 하냐고 질타하기도 했다. 하지만 지금 생각해도 그것이 최선이었다고 본다. 이렇게 점진적으로 일을 늘려 나가면서 단원들과 함께 우여곡절도 많이 겪었다. 보람도 느끼고 포교사로서 자긍심도 가졌던 시기다. 우리 부부의 이런 활동을 좋게 봐주고, 적극적으로 도와주어 당시는 비록 100여 명 정도의 적은 지역단이었지만, 활동은 여느 타 지역 단 못지않게 역동적으로 했다. 남편은 직장생활을 하면서 때로는 포교사단 사무국장을 역임했기 때문에, 주말은 거의 지역단에서 부부가 함께 일을 해야 했다. 지금도 우리 애들이 종종 하는 얘기가 있다. "우리는 사춘기가 뭔지도 몰라." 내가 교통사고를 당했을 때, 애들은 한창 사춘기에 접어들 나이였는데 어머니가 큰 교통사고로 사경을 헤매다 심신이 온전치 못한 상황에서 쉬지 않고 포교사단 일을 하고 있으니 감히 사춘기라고 티를 낼 수 있는 상황이 아니었기 때문이다.

남편은 도청에 근무했는데 바쁜 업무 중에도 때로는 지역단 사무국장으로서 포교사 일을 도왔다. 당시 남편 봉급이 65만 원 나왔다. 단원이 100명에도 미치지 못하고 단비가 개인당 1만 원씩 할 때라서 지역단에는 70만 원이 내려왔다. 이 돈으로는 사무실 임대료, 운영비, 냉난방비… 턱없이 부족했다. 그래서 월급에서 매달 20만 원을 공제해 사무실 경비로 쓰고, 나머지 돈은 각종 행사에 후원금으로 냈다. 이를 지켜본 단원들이 다투어 후원금을 냈고, 당시에는 중앙단 지원금보다도 지역 단원들이 보시한 후원금이 더 많았다. 이런 어려운 상황에서도 지역단 사무실을 마련하기 위해 매달 10만 원씩 적립해 나갔다.

광주는 불교회관이 무각사 경내에 위치해 있지만, 당시 사암연합회, 신도회, 불교신문, 호남불교가 함께하고 불교TV, 불교생명나눔연합회, 교수불자회 등 각종 불교단체가 망라해 있었다. 그렇다 해도 각 단체끼리 교류가 이루어지지 않았고, 오히려 소원할 정도였다. 그래서 이를 규합하고자 지역단 사무실에 먹거리를 마련하여 언제든지 간단한 입가심을 할 수 있도록 했다. 아침 일하기 전에 모여 차담 하는 것이 자연스럽게 정례화 되었다.

또한 남편과 함께 전체적으로 식사를 몇 번 제공하였는데, 이후 돌아가면서 이런 자리가 마련되었고 이것이 송년회까지 이어져 참으로 즐겁고 보람된 시간이었다. 이렇게 불교 단체가 어우러지니 부처님오신날 행사에서도 주축으로 참여했다. 특히 점등식 날에는 단원들 70여 명이 단복을 입고 광주 구도청 앞 금남로 8차선 도로에서 삼보일배하며 전진하는 퍼포먼스를 개최했다. 연등행사에서는 연등행렬 선두는 물론 구간 구간에 포교사를 투입하여 행렬을 지휘하고, 행사 마무리까지 현장행사를 주관하였다.

우리 부부의 이와 같은 모습을 좋게 보았던지, 법보신문에서 신년특집으로 우리 부부의 신행 활동을 전면에 할애하여 게재했다. 그리고 주위 불교단체에서도 행사 진행시, 많은 도움을 주고 격려를 아끼지 않았다. 하지만 무엇보다도 우리 단원들의 열정적인 지원과 도움이 있었기에, 그나마 어려운 가운데에서도 많은 일을 할 수 있었다. 부부가 지역단 간사와 사무국장을 하면서도 시간이 허락되는 한, 염불봉사·군포교·소년원·어린이팀 등 소팀들의 활동에 적극 참여하고 때로는 독려도 하면서 팀 활동이 활성화되도록 노력했다.

지역단 간사를 7년 동안 했다. 남편은 그 사이 사무국장과 팀장을 번갈아 수행했고, 때로는 동시에 병행하면서 지역단을 챙겼다. 불교가 타 종단에 비하여 사회봉사 활동이 미흡하다고 생각하여 남편과 함께 자원봉사팀을 만들기로 했다. 이를 위해서 당시 남편과 함께 사비로 조끼 30벌을 만들었다. 포교사단 복을 입고 봉사 활동을 할 수도 있지만, 행정에서 지원을 받기 위해서는 단복보다는 종교 색채가 적은 옷을 입고 봉사활동을 해야 했기 때문이다. 그래서 조끼에 '좋은 인연'이라는 글을 새기고, 각종 사회봉사 활동 시에는 이를 착용하도록 했다.

지금 남편은 지역단의 수석부단장 소임을 맡고 있다. 그리고 5·18 영령 및 무연고 묘 위령제 추진 위원장 소임을 수행하느라 요즘 바쁘게 움직이고 있다. 특히 5·18 영령 및 무연고 묘 위령제는 지역단 염불봉사팀이 지난 3년간 매월 추진해온 사업으로 금년에는 대대적으로 추진하고자 한다. 타 지역 포교사 임원들을 초청하고 광주전남 지역의 불교사회단체에도 알려 불교방송과 불교TV에도 방영될 수 있도록 규모를 키워 추진하고자 한다.

나는 염불봉사팀 총무와 음성포교팀 총무를 맡고 있다. 아직도 몸은 활발하지 못하다. 왼쪽 편마비가 완전히 회복되지 않아, 걸핏

하면 지금도 넘어지곤 한다. 하지만 포교사로서 포교 활동하는 데 장애가 될 수 없다. 남편은 36년간의 공직 생활을 정리하고 금년에 공로연수 대상자로서 집에서 생활하고 있다. 그런데도 직장생활 할 때보다 남편은 더 바쁘다. 자신이 전부터 하고 싶다던 도자기 만들기에 열중하기도 하지만 최근 광주불교방송 사찰순례단 부단장 소임을 맡으면서부터 더 그렇다. 매월 산사순례를 하고 있는데, 아직 정비가 되지 않은 사찰순례단의 일정을 조율하고 전체적인 기획을 담당한다. 사찰순례 시에는 방문하고자 하는 사찰을 소개하고 주변 유적지까지도 망라해 해설을 한다.

지금 돌이켜 보면, 긴 터널을 지나온 기분이다. 큰 교통사고에서 사경을 헤매다가 가까스로 깨어나, 각종 수술과 재활 치료를 하고, 지금도 그 후유증으로 어려움을 겪고 있다. 근 20년 가까운 세월 동안, 안면수술을 시작으로 눈 수술, 척추 수술, 관절 이식 수술, 갑상선 수술, 암 수술 등 숫하게 병원을 들락거려야 했다. 하지만 그 힘든 세월 속에서도 버텨 온 것은 포교사로서, 불자로서 부처님 곁을 지켰기 때문일 것이다. 우리 포교사들의 온정 어린 손길과 격려가 있었고, 무엇보다도 남편이 같은 포교사 도반으로서 함께 활동할 수 있었기에 힘들다 여기지 않고 지나올 수 있었던 것에 감사한다.

한때는 포교사도 접고 그냥 불자로서 조용히 지내고 싶을 때도 있었다. 간사 생활을 하면서 마음에 큰 상처를 입고 간사 소임을 내려놓았었다. 남편과 함께 2년여를 아예 포교사 활동은 물론, 절에도 가지 않고 주위 포교사들과도 연락을 끊고 지낸 적이 있다. 사람에 의한 상처라서 사람을 만나는 자체가 싫었다. 우울증까지 겪었다. 남편도 당시 나와 함께 모든 불교 활동을 접었다. 지금도 눈에 선하다. 남편이 얼마나 감정이 상했던지 포교사복을 던져주며, "입을 일 없을 걸시 태우지는 못 하겠고 안 보이게 넣어블소" 하는 것이었다.

이후 우리 부부는 모든 것을 내려놓았다. 그동안 가지지 못했던 아이들과의 시간을 보내고, 같이 여행을 다니고 남편은 그동안 소홀했던 업무에도 정진하여 승진과 영전을 거듭했다. 다시는 불자의 길을 걷지 않을 듯이 여유롭게 지냈다. 어찌 보면 나름 보람된 시간을 가질 수 있었지만 불교와의 연은 어쩌지 못했다. 주위 포교사 도반들의 끊임없는 관심과 애정에 힘입어, 다시 포교사복을 꺼내 입고 포교사 활동을 시작했다.

돌이켜보면 불교는 숙명이었다는 생각이 든다. 고교 시절 미션 스쿨에 다니면서도, 개신교에 마음이 가지 않고 광주 도심에 위치한 원각사라는 절을 혼자 찾았다. 그때는 불자라는 생각보다는 그냥 절이 좋았다. 이후 학교를 졸업하고 직장에 다니다가 지금의 남편을 만나 결혼을 했는데, 당시 남편은 공무원 인사기록 카드에 기독교라 적을 정도로, 나름 기독청년회 활동을 열심히 하던 기독교인이었다. 하지만 남편이 내가 읽던 경전을 잠깐씩 들여다보더니 결국은 개종을 하고, 부부 포교사로서 함께 도반의 길을 걷게 된 것이다. 남편은 당시 인연법과 칠불통계게에 이끌렸다고 한다. 기독교에서 설명하지 못하는 부분인데 이치적으로 당연한 귀결을 설명하고 있어, 매우 합리적이라는 생각이 들었다고 한다. 요즘은 그런 초심을 잃어가고 있지 않나 염려되기도 한다. 18년 전 포교사가 되어 남편과 함께 주말도 반납한 채 포교 활동 현장에서 뛰던 그 열정이 식어버리지 않았나 하는 생각 때문이다. 근래에는 신규 포교사들이 많이 배출되어, 우리 지역단도 포교사가 400명 가까이 된다. 이들 대부분 활동 기간이 5년 이하인 포교사들인데, 이들을 바라볼 때면 지금의 우리를 되돌아보게 된다. 남편과 함께 그동안 나름대로 열심히 활동해왔다고 자신을 합리화해 보지만, 지금은 직책만 붙들고 제대로 역할은 하지 못하고 있지 않나 하는 생각도 든다. 그래서 요즘은 합창단에 부지런히 다니고 있다. 총무라는 소임도 있지만 합창을 하노라면 환희심이 난다. 그리고 지인들이 염불포교팀을 부르면 단원들과 함께 기꺼이 달려간다. 이젠 애들도 자라서 사회생활을 하고 있고, 남편도 공직생활을 접은 상태라서 움직이기 좋은 시기다. 이번 주에는 강진 무위사에서 관음제가 있는데 남편과 함께 내려가야겠다. 영암 월출산 기슭에는 철쭉도 많은데, 꽃구경은 덤이다.

신행수기 공모 안내

불자님들의 지극한 신심과 가피 이야기를 담은
신행수기 공모는 해마다 부처님오신날을 앞두고
진행됩니다.

공모 기간

매년 1월 1일부터 4월 30일까지

공모 자격

조계종 신도증 소지한 불자님

공모 메일

sugi@beopbo.com

문의

법보신문 02)725-7014